Es weihnachtet sehr …

Geschichten, Gedichte, Lieder, Rezepte, Basteleien

Winter- und Weihnachtsgeschichten, Gedichte und Lieder von Josef Annegarn, Ernst Anschütz, Wilhelm Busch, Paula Dehmel, Eduard Ebel, Joseph von Eichendorff, Karl Enslin, Johannes Falk, August Heinrich Hoffmann von Fallersleben, den Gebrüdern Grimm, Friedrich Wilhelm Güll, Wilhelm Hey, Johann Heinrich Christoph Holzschuher, Avalon Koeppl, Manfred Kyber, Hermann Löns, Robert Reinick, Christoph von Schmid, Johann Abraham Peter Schulz, Friedrich Silcher, Karl Friedrich Splittegarb, Anna Ritter, Theodor Storm und Joachim August Zarnack

Die Illustratorin:

Nina Chen wurde 1977 in Köln geboren und ist seit 2004 selbstständige Kommunikationsdesignerin. Ihre Illustrationen wurden durch Geschenkkarten, Kalender, hochwertige Geschirrkollektionen sowie zahlreiche Alben, Geschenk- und Kinderbücher bekannt.

Xenos Verlag, PF 500380, 22703 Hamburg
Layout und Satz: D-to-B, Hamburg
Illustrationen: Nina Chen
Zeichnungen der Bastelanleitungen: Nina Heinke
Printed in Germany
0113550234
www.xenos-verlag.de
www.facebook.com/nelsonverlag

Es weihnachtet sehr …

Geschichten, Gedichte, Lieder, Rezepte, Basteleien
Ein Weihnachtsbuch für die ganze Familie

Mit Illustrationen von Nina Chen

Xenos

Geschichten

Gedichte

Lieder

Wunschzettel

Backrezepte

Basteleien

Geschichten

Der Weihnachtstraum

Avalon Koeppl

Jonas war sehr aufgeregt, als er am Abend vor Weihnachten ins Bett ging. Er und seine Schwester Lisa hatten sich nämlich ein Haustier gewünscht, und zwar eine Schildkröte.

„Hoffentlich bringt uns der Weihnachtsmann unsere kleine Schildkröte. Du hast es doch in Rot auf den Wunschzettel geschrieben, oder, Jonas?“, fragte Lisa ihren großen Bruder.

„Na, was denkst denn du, klaro!“, lächelte Jonas. Lisa war zufrieden und setzte sich im Bett auf, um noch einmal aus dem Fenster zu sehen.

Jonas sah, wie seine Schwester den Himmel nach dem Weihnachtsmann absuchte. Wenn es doch bloß schon morgen wäre! Lisa gähnte und Jonas rieb sich die Augen.

„Gute Nacht, Lisa“, sagte er schließlich.

„Nacht“, gähnte Lisa und drehte sich um. Jonas dachte an das letzte Weihnachten, wie schön es schon am Morgen gewesen war, so aufregend, so besonders. Mit einem Lächeln im Gesicht schlief er ein.

„Wach auf, du Schlafmütze, du kommst zu spät zur Schule“, sagte Mama und streichelte Jonas über die Wange.

„Schule?“, Jonas schaute seine Mutter fragend an und schaute in Lisas Bett. „Wo ist Lisa?“

„Na, mit Papa auf dem Weg in den Kindergarten, wo denn sonst?“ Mama lachte. „Du bist ja noch ganz verschlafen!“

„Aber, aber, heute ist doch Weihnachten, Mama! Ich habe schulfrei!“

„Du kleiner Faulpelz, das hättest du wohl gerne!“, sagte Mama kopfschüttelnd. „Komm, wir frühstücken erst einmal!“

Als Jonas im Pyjama die Treppe herunterkam, erschrak er. Wo war sein Adventskalender? Wo waren die Fensterbilder, die Lisa im Kindergarten für Weihnachten gebastelt hatte? Aber am schlimmsten war es, als er ins Wohnzimmer schaute: Der Weihnachtsbaum war weg. Papa hatte ihn gestern Nachmittag gekauft. Sie wollten ihn heute Morgen alle gemeinsam schmücken.

„Mama, jemand hat den Weihnachtsbaum geklaut“, schrie Jonas.

Mama zögerte einen Moment, ging dann jedoch ins Wohnzimmer und sah aus dem Fenster. „Wieso, schau doch mal, da ist er doch!“

„Wie, wo?“, fragte Jonas ungeduldig.

„Na da! Neben dem Kompost.“ Der Baum lag fast nadellos neben dem Kompost. Jonas verstand die Welt nicht mehr: „Aber, aber ... wir wollten doch den Baum schmücken! Und überhaupt, was ist hier eigentlich los?“

„Ja, das frage ich mich auch“, sagte Mama, die sich nicht entscheiden konnte, ob sie sauer oder besorgt sein sollte. Wollte Jonas sie auf den Arm nehmen? Oder träumte er etwa noch?

„Komm“, sagte Mama schließlich. „Jetzt iss erst mal was und trink einen Schluck Tee. Dann erzählst du mir, was dich so durcheinanderbringt.“

Jonas war jetzt überhaupt nicht nach Frühstück, und außerdem, was sollte schon mit ihm los sein? ES WAR WEIHNACHTEN! Und Mama tat so, als wäre ein stinknormaler Morgen.

„Mama, heute ist WEIHNACHTEN! Papa und Lisa sind umsonst losgefahren. Der Kindergarten ist zu und Papa braucht auch nicht arbeiten. Hast du das etwa vergessen?“

„Äh, Jonas, wir haben heute den 7. Januar. Weihnachten ist vorbei!“

Jonas sagte erst einmal nichts. Er konnte sich doch wohl nicht irren! Mama musste ihn doch verstehen. Gestern, als er ins Bett gegangen war, hatte er sich auf den nächsten Morgen gefreut, den WEIHNACHTSMORGEN!

„Das heißt … also … du meinst, wir hatten schon Weihnachten?"

Mama nickte und schaute Jonas dabei gleichzeitig fragend an.

„Als Lisa und ich gestern ins Bett gegangen sind, hast du gesagt: Nun schlaft schön, ihr zwei, morgen wird ein aufregender Tag: Der Weihnachtsmann kommt!' Und vorgestern haben wir doch noch Plätzchen gebacken! Und, und … eine Schildkröte hatten Lisa und ich uns auch gewünscht!" Obwohl Jonas fand, dass es total peinlich war, als Zweitklässler noch zu weinen, stiegen ihm vor Verzweiflung Tränen in die Augen.

„Der Weihnachtsmann hatte euch vergessen und deshalb habt ihr auch keine Schildkröte bekommen!", sagte Mama mit einem Gesichtsausdruck, den Jonas nicht kannte. Plötzlich wurde ihm ganz komisch und um ihn herum begann es sich zu drehen. Das Gesicht seiner Mama verschwamm vor Jonas' Augen.

„Wach auf, wach auf", hörte Jonas die Stimme seiner kleinen Schwester sagen. „Wir verpassen noch das Beste!"

Jonas öffnete die Augen und sah Lisa auf seinem Bett herumspringen. „Was ist los, Lisa?"

„Mann, Jonas, heute ist doch Weihnachten. Bist du denn gar nicht aufgeregt?", fragte Lisa lachend, während sie immer stürmischer auf der Matratze herumsprang.

„Wusste ich's doch", murmelte Jonas und konnte sich ein erleichtertes Lächeln nicht verkneifen. Ein Strahlen breitete sich auf seinem Gesicht aus und mit einem Satz sprang er aus dem Bett.

„Ich bin als Erster unten", rief er und rannte los. Lisa sprang vom Bett und raste ihm hinterher.

Und da war es wieder: dieses glückliche Gefühl, diese ganz besondere Stimmung, die Jonas nur an Weihnachten verspürte.

Von seinem traurigen Traum erzählte er Lisa und seinen Eltern erst einmal nichts. Ehrlich gesagt hatte er ihn nach dem Weihnachtsbaumschmücken auch fast völlig vergessen. Und als er am Abend gemeinsam mit Lisa zum ersten Mal die kleine Schildkröte fütterte, die sie sich so sehr gewünscht hatten, war der Traum gemeinsam mit dem Weihnachtsmann von dannen gezogen.

Der allererste Weihnachtsbaum

Hermann Löns

Der Weihnachtsmann ging durch den Wald. Er war ärgerlich. Sein weißer Spitz, der sonst immer lustig bellend vor ihm herlief, merkte das und schlich hinter seinem Herrn mit eingezogener Rute her. Er hatte nämlich nicht mehr die rechte Freude an seiner Tätigkeit. Es war alle Jahre dasselbe. Es war kein Schwung in der Sache. Spielzeug und Esswaren, das war auf die Dauer nichts. Die Kinder freuten sich wohl darüber, aber quieken sollten sie und jubeln und singen, so wollte er es, das taten sie aber nur selten.

Den ganzen Dezembermonat hatte der Weihnachtsmann schon darüber nachgegrübelt, was er wohl Neues erfinden könne, um einmal wieder eine rechte Weihnachtsfreude in die Kinderwelt zu bringen, an der auch die Großen teilnehmen würden. Kostbarkeiten durften es nicht sein, denn er hatte soundso viel auszugeben und mehr nicht.

So stapfte er denn auch durch den verschneiten Wald, bis er auf dem Kreuzweg war. Dort wollte er das Christkindchen treffen. Mit dem beriet er sich nämlich immer über die Verteilung der Gaben.

Schon von weitem sah er, dass das Christkindchen da war, denn ein heller Schein war dort. Das Christkindchen hatte ein langes, weißes Pelzkleidchen an und lachte über das ganze Gesicht. Denn um es herum lagen große Bündel Kleeheu und Weidenzweige und daran taten sich die hungrigen Hirsche und Rehe und Hasen gütlich. Sogar für die Sauen gab es etwas: Kastanien, Eicheln und Rüben.

„Na, Alterchen, wie geht's?", fragte das Christkind. „Hast wohl schlechte Laune?" Damit hakte es den Alten unter und ging mit ihm. Hinter ihnen trabte der kleine Spitz, aber er sah gar nicht mehr betrübt aus und hielt seinen Schwanz kühn in die Luft.

„Ja“, sagte der Weihnachtsmann, „die ganze Sache macht mir so recht keinen Spaß mehr. Liegt es am Alter oder an sonst was, ich weiß nicht. Das mit den Pfefferkuchen und den Äpfeln und Nüssen, das ist nichts mehr. Das essen sie auf und dann ist das Fest vorbei. Man müsste etwas Neues erfinden, etwas, das nicht zum Essen und nicht zum Spielen ist, aber wobei Alt und Jung singt und lacht und fröhlich wird.“

Das Christkindchen nickte und machte ein nachdenkliches Gesicht; dann sagte es: „Da hast du Recht, Alter, mir ist das auch schon aufgefallen. Ich habe daran auch schon gedacht, aber das ist nicht so leicht.“

„Das ist es ja gerade“, knurrte der Weihnachtsmann, „ich bin zu alt und zu dumm dazu. Ich habe schon richtiges Kopfweh vom vielen Nachdenken und es fällt mir doch nichts Vernünftiges ein. Wenn es so weitergeht, schläft allmählich die ganze Sache ein und es wird ein Fest wie alle anderen, von dem die Menschen dann weiter nichts haben als Faulenzen, Essen und Trinken.“

Nachdenklich gingen beide durch den weißen Winterwald, der Weihnachtsmann mit brummigem, das Christkindchen mit nachdenklichem Gesicht. Es war so still im Wald, kein Zweig rührte sich, nur wenn die Eule sich auf einen Ast setzte, fiel ein Stück Schneebehang mit halblautem Ton herab. So kamen die beiden, den Spitz hinter sich, aus dem hohen Holz auf einen alten Kahlschlag, auf dem große und kleine Tannen standen. Das sah wunderschön aus. Der Mond schien hell und klar, alle Sterne leuchteten, der Schnee sah aus wie Silber und die Tannen standen darin, schwarz und weiß, dass es eine Pracht war. Eine der Tannen, die allein im Vordergrund stand, sah besonders reizend aus. Sie war regelmäßig gewachsen, hatte auf jedem Zweig einen Schneestreifen, an den Zweigspitzen kleine Eiszapfen und glitzerte und flimmerte nur so im Mondenschein.

Das Christkindchen ließ den Arm des Weihnachtsmannes los, stieß den Alten an, zeigte auf die Tanne und sagte: „Ist das nicht wunderhübsch?“

„Ja“, sagte der Alte, „aber was hilft mir das?“

„Gib ein paar Äpfel her", sagte das Christkind, „ich habe einen Gedanken."

Der Weihnachtsmann machte ein dummes Gesicht, denn er konnte es sich nicht recht vorstellen, dass das Christkind bei der Kälte Appetit auf die eiskalten Äpfel hatte. Er hatte zwar noch einen guten alten Schnaps, aber den mochte er dem Christkindchen nicht anbieten.

Er machte sein Tragband ab, stellte seine riesige Kiepe in den Schnee, kramte darin herum und langte ein paar recht schöne Äpfel heraus. Dann fasste er in die Tasche, holte sein Messer heraus, wetzte es an einem Buchenstamm und reichte es dem Christkindchen.

„Sieh, wie schlau du bist", sagte das Christkindchen. „Nun schneid mal etwas Bindfaden in zwei Finger lange Stücke und mach mir kleine Pflöckchen."

Dem Alten kam das alles etwas ulkig vor, aber er sagte nichts und tat, was das Christkind ihm sagte. Als er die Bindfadenenden und die Pflöckchen fertig hatte, nahm das Christkind einen Apfel, steckte ein Pflöckchen hinein, band den Faden daran und hängte den an einen Ast.

„So", sagte es dann, „nun müssen auch an die anderen welche, und dabei kannst du helfen, aber vorsichtig, dass kein Schnee abfällt!"

Der Alte half, obgleich er nicht wusste, warum. Aber es machte ihm Spaß und als die ganze kleine Tanne voll von rotbäckigen Äpfeln hing, da trat er fünf Schritte zurück, lachte und sagte: „Kiek, wie niedlich das aussieht! Aber was hat das alles für 'n Zweck?"

„Braucht denn alles gleich einen Zweck zu haben?", lachte das Christkind. „Pass auf, das wird noch schöner. Nun gib mal Nüsse her!"

Der Alte kramte aus seiner Kiepe Walnüsse heraus und gab sie dem Christkindchen. Das steckte in jedes ein Hölzchen, machte einen Faden daran, rieb immer eine Nuss an der goldenen Oberseite seiner Flügel, dann war die Nuss golden, und die nächste an der silbernen Unterseite seiner Flügel, dann hatte es eine silberne Nuss, und hängte sie zwischen die Äpfel.

„Was sagst du nun, Alterchen?“, fragte es dann. „Ist das nicht allerliebst?“

„Ja“, sagte der, „aber ich weiß immer noch nicht …“

„Komm schon!“, lachte das Christkindchen. „Hast du Lichter?“

„Lichter nicht“, meinte der Weihnachtsmann, „aber 'nen Wachsstock!“

„Das ist fein“, sagte das Christkind, nahm den Wachsstock, zerschnitt ihn und drehte Stücke um die Zweigenden des Bäumchens, bog sie hübsch gerade und sagte dann: „Feuerzeug hast du doch?“

„Gewiss“, sagte der Alte, holte Stein, Stahl und Schwammdose heraus, pinkte Feuer aus dem Stein, ließ den Zunder in der Schwammdose zum Glimmen kommen und steckte daran ein paar Schwefelspäne an. Das Christkindchen nahm einen hell brennenden Schwefelspan und steckte damit erst das oberste Licht an, dann das nächste davon rechts, dann das gegenüberliegende. Und rund um das Bäumchen gehend brachte es so ein Licht nach dem andern zum Brennen.

Da stand nun das Bäumchen im Schnee; aus seinem halb verschneiten, dunklen Gezweig sahen die roten Backen der Äpfel, die Gold- und Silbernüsse blitzten und funkelten und die gelben Wachskerzen brannten feierlich. Das Christkindchen lachte über das ganze rosige Gesicht und patschte in die Hände, der alte Weihnachtsmann sah gar nicht mehr so brummig aus und der kleine Spitz sprang hin und her und bellte.

Als die Lichter ein wenig heruntergebrannt waren, wehte das Christkindchen mit seinen gold-silbernen Flügeln, und da gingen die Lichter aus. Es sagte dem Weihnachtsmann, er solle das Bäumchen vorsichtig absägen. Das tat der und dann gingen beide den Berg hinab und nahmen das bunte Bäumchen mit.

Als sie in den Ort kamen, schlief schon alles. Beim kleinsten Hause machten die beiden halt. Das Christkindchen machte leise die Tür auf und trat ein; der Weihnachtsmann ging hinterher. In der Stube stand ein dreibeiniger Schemel mit einer durchlochten Platte. Den stellten sie auf den Tisch und steckten den Baum hinein.

Der Weihnachtsmann legte dann noch allerlei schöne Dinge, Spielzeug, Kuchen, Äpfel und Nüsse unter den Baum und dann verließen beide das Haus so leise, wie sie es betreten hatten.

Als der Mann, dem das Häuschen gehörte, am andern Morgen erwachte und den bunten Baum sah, da staunte er und wusste nicht, was er dazu sagen sollte. Als er aber an dem Türpfosten, den des Christkinds Flügel gestreift hatte, Gold- und Silberflimmer hängen sah, da wusste er Bescheid. Er steckte die Lichter an dem Bäumchen an und weckte Frau und Kinder.

Das war eine Freude in dem kleinen Haus wie an keinem Weihnachtstag! Keines von den Kindern sah nach dem Spielzeug, dem Kuchen und den Äpfeln, sie sahen nur alle nach dem Lichterbaum. Sie fassten sich an den Händen, tanzten um den Baum und sangen alle Weihnachtslieder, die sie wussten, und selbst das kleinste, das noch auf dem Arm getragen wurde, krähte, was es krähen konnte.

Als es helllichter Tag geworden war, da kamen die Freunde und Verwandten des Bergmanns, sahen sich das Bäumchen an, freuten sich darüber und gingen gleich in den Wald, um sich für ihre Kinder auch ein Weihnachtsbäumchen zu holen.

Die anderen Leute, die das sahen, machten es nach, jeder holte sich einen Tannenbaum und putzte ihn an, der eine so, der andere so, aber Lichter, Äpfel und Nüsse hängten sie alle daran.

Als es dann Abend wurde, brannte im ganzen Dorf Haus bei Haus ein Weihnachtsbaum, überall hörte man Weihnachtslieder und das Jubeln und Lachen der Kinder.

Von da aus ist der Weihnachtsbaum über ganz Deutschland gewandert und von da über die ganze Erde. Weil aber der erste Weihnachtsbaum am Morgen brannte, so wird in manchen Gegenden den Kindern morgens beschert.

Frau Holle

Ein Märchen der Gebrüder Grimm

Es war einmal eine Witwe, die hatte zwei Töchter. Eine war schön und fleißig, die andere hässlich und faul. Sie hatte aber die hässliche und faule, weil sie ihre richtige Tochter war, viel lieber. Die andere musste alle Arbeit tun und das Aschenputtel im Hause sein. Täglich musste sich das arme Mädchen auf die große Straße bei einem Brunnen setzen und so viel spinnen, dass ihm die Finger bluteten.

Eines Tages war die Spule ganz blutig. Da bückte sich das Mädchen in den Brunnen, um sie abzuwaschen. Dabei glitt sie ihm aus der Hand und fiel hinab. Es weinte, lief zur Stiefmutter und erzählte ihr das Unglück. Die Stiefmutter aber war unbarmherzig und schimpfte fürchterlich: „Hast du die Spule hinunterfallen lassen, so hol sie wieder herauf!"

Da ging das Mädchen zu dem Brunnen zurück und wusste nicht, was es anfangen sollte. In seiner Herzensangst sprang es in den Brunnen hinein, um die Spule zu holen. Es verlor die Besinnung und als es erwachte und wieder zu sich kam, war es auf einer schönen Wiese, wo die Sonne schien und vieltausend Blumen standen. Auf dieser Wiese ging es fort und kam zu einem Backofen, der voller Brot war. Das Brot rief: „Ach, zieh mich raus, zieh mich raus, sonst verbrenn ich! Ich bin schon längst fertig gebacken."

Da trat das Mädchen herbei und holte mit dem Brotschieber nacheinander alle Brote heraus.

Danach ging es weiter und kam zu einem Baum, der hing voll Äpfel, und er rief dem Mädchen zu: „Ach, schüttle mich, schüttle mich, die Äpfel sind alle miteinander reif."

Da schüttelte es den Baum, dass die Äpfel fielen, als regneten sie, und schüttelte, bis keiner mehr oben war.

Und als es alle in einen Haufen zusammengelegt hatte, ging es wieder weiter.

Endlich kam es zu einem kleinen Haus, daraus guckte eine alte Frau. Weil sie aber so große Zähne hatte, bekam das Mädchen Angst und wollte fortlaufen. Die alte Frau aber rief ihm nach: „Was fürchtest du dich, liebes Kind? Bleib bei mir. Wenn du alle Arbeit im Hause ordentlich tust, so soll es dir gut gehen. Du musst nur achtgeben, dass du mein Bett gut machst und es fleißig aufschüttelst, dass die Federn fliegen, dann schneit es in der Welt; ich bin die Frau Holle."

Weil die Alte ihm so gut zusprach, fasste sich das Mädchen ein Herz, willigte ein und begab sich in ihren Dienst. Es machte auch alles nach ihrer Zufriedenheit und schüttelte ihr das Bett immer gewaltig, auf dass die Federn wie Schneeflocken umherflogen. Dafür hatte es auch ein gutes Leben bei ihr, kein böses Wort und alle Tage gutes Essen.

Nun war es eine Zeit lang bei der Frau Holle, da ward es traurig und wusste anfangs selbst nicht, was ihm fehlte. Endlich merkte es, dass es Heimweh hatte. Obwohl es ihm hier gleich vieltausendmal besser ging als zu Haus, so hatte es doch ein Verlangen dahin. Endlich sagte es zu ihr: „Ich habe Heimweh bekommen und wenn es mir auch noch so gut hier unten geht, so kann ich doch nicht länger bleiben, ich muss wieder hinauf zu den Meinigen."

Die Frau Holle sagte: „Es gefällt mir, dass du wieder nach Haus verlangst, und weil du mir so treu gedient hast, so will ich dich selbst wieder hinaufbringen." Sie nahm es darauf bei der Hand und führte es vor ein großes Tor. Das Tor ward aufgetan und wie das Mädchen gerade darunter stand, fiel ein gewaltiger Goldregen und alles Gold blieb an ihm hängen, so dass es über und über davon bedeckt war.

„Das sollst du haben, weil du so fleißig gewesen bist", sprach Frau Holle und gab ihm auch die Spule wieder, die ihm in den Brunnen gefallen war. Darauf ward das Tor verschlossen und das Mädchen befand sich oben auf der Welt, nicht weit von seiner Mutter Haus. Als es in den Hof kam, saß der Hahn auf dem Brunnen und rief: „Kikeriki, unsere goldene Jungfrau ist wieder hie."

Da ging es hinein zu seiner Mutter und weil es so mit Gold bedeckt ankam, ward es von ihr und der Schwester gut aufgenommen.

Das Mädchen erzählte alles, was ihm begegnet war, und als die Mutter hörte, wie es zu dem großen Reichtum gekommen war, wollte sie der hässlichen und faulen Tochter gerne dasselbe Glück verschaffen. Sie musste sich an den Brunnen setzen und spinnen; und damit ihre Spule blutig ward, stach sie sich in die Finger. Dann warf sie die Spule in den Brunnen und sprang selber hinein.

Sie kam, wie die andere, auf die schöne Wiese und ging auf demselben Pfade weiter. Als sie zu dem Backofen gelangte, schrie das Brot wieder: „Ach, zieh mich raus, zieh mich raus, sonst verbrenn ich, ich bin schon längst ausgebacken!"

Die Faule aber antwortete: „Da hätt' ich Lust, mich schmutzig zu machen", und ging fort.

Bald kam sie zu dem Apfelbaum, der rief: „Ach, schüttle mich, schüttle mich, die Äpfel sind alle miteinander reif."

Sie antwortete aber: „Du kommst mir recht, es könnte mir einer auf den Kopf fallen", und ging damit weiter. Als sie vor Frau Holles Haus kam, fürchtete sie sich nicht, weil sie von ihren großen Zähnen schon gehört hatte, und bot ihr sogleich an, bei ihr zu dienen. Am ersten Tag war sie fleißig und folgte der Frau Holle, wenn sie ihr etwas sagte, denn sie dachte an das viele Gold, das sie ihr schenken würde. Am zweiten Tag aber fing sie schon an zu faulenzen, am dritten noch mehr, da wollte sie morgens gar nicht aufstehen. Sie machte auch der Frau Holle das Bett nicht, wie sich's gebührte, und schüttelte es nicht, dass die Federn aufflogen.

Da hatte Frau Holle genug und kündigte ihr den Dienst. Die Faule war zufrieden und meinte, nun würde der Goldregen kommen. Frau Holle führte sie auch zu dem Tor, als sie aber darunter stand, ward statt des Goldes ein großer Kessel voll Pech ausgeschüttet.

„Das ist zur Belohnung deiner Dienste", sagte Frau Holle und schloss das Tor zu.

Da kam die Faule heim, aber sie war ganz mit Pech bedeckt und der Hahn auf dem Brunnen, als er sie sah, rief: „Kikeriki, unsere schmutzige Jungfrau ist wieder hie." Das Pech aber blieb fest an ihr hängen und wollte, solange sie lebte, nicht abgehen.

Cleo und der Weihnachtsmann

Avalon Koeppl

Pauls beste Freundin war seine kleine Katze Cleo. Paul fand, dass sie eine ganz besondere Katze war. Nicht nur, dass sie ganz besonders aussah – sie war nämlich dreifarbig: weiß, dunkelgrau und bernsteinfarben, und ihre Augen sahen verschieden aus –, nein, sie war außerdem anhänglich wie ein kleiner Hund.

Sie durfte zwar immer hinaus, um im Wald herumzustreunen oder sich im Garten zu sonnen. Doch schon nach kurzer Zeit kam sie immer wieder ins Haus, um bei Paul zu sein. Sie schlief in Pauls Bett, legte sich auf seinen Schreibtisch, wenn er Hausaufgaben machte, und schaute ihm morgens vom Fenster aus nach, um mittags vor dem Haus auf ihn zu warten, wenn er von der Schule wieder heimkam.

Paul ging erst seit ein paar Monaten zur Schule. Das war sehr ungewohnt für Cleo. Seit der Weihnachtsmann Cleo vor fast drei Jahren zu Paul gebracht hatte, war sie selten mehr als zwei Stunden von ihm getrennt gewesen. Nun musste sie jeden Vormittag ohne Paul verbringen.

Es waren nur noch wenige Tage bis Heiligabend und Paul feilte nachmittags noch immer aufgeregt an seinem Wunschzettel. Cleo versuchte des Öfteren Pauls Aufmerksamkeit zu erhaschen, indem sie mit ihrer Pfote den Bleistift verfolgte, mit dem Paul seinen Wunschzettel wieder und wieder ergänzte. Paul war ganz aufgeregt, er hatte so unglaublich viele Wünsche. Ein ferngesteuertes Auto stand ganz oben auf seiner Liste.

„Ach, Cleo“, sagte er, „ich wünsch mir nichts so sehr wie dieses schnelle, ferngesteuerte Auto. Matthias hat auch so eins. Meinst du, der Weihnachtsmann bringt es mir?“

Cleo begann zu schnurren, strich mit ihrem Kopf an Pauls Hand entlang und schmiss sich auf den Rücken, damit er ihr den Bauch kraulte.

Am nächsten Morgen war Cleo so langweilig, dass sie beschloss Paul nachzulaufen. Es lag bereits hoher Schnee und es schneite immer weiter. Cleo liebte den Schnee und versuchte jede Schneeflocke zu fangen und hüpfte aufgeregt kreuz und quer. Es bereitete ihr eine solche Freude, dass sie gar nicht darauf achtete, in welche Richtung sie lief und hüpfte. Plötzlich stand sie zwischen vielen Bäumen, die im Schnee alle gleich aussahen. In welcher Richtung lag bloß Pauls Schule? Und wo ging es nach Hause? Cleo hatte die Orientierung verloren. Sie versuchte ihre eigenen Spuren zurückzuverfolgen, aber es schneite so viele dicke Flocken, dass es bald um sie herum überall gleich aussah.

Als Paul von der Schule kam, musste er die ganze Zeit daran denken, wie schön es sein würde, im Sommer sein ferngesteuertes Auto über die Wiesen sausen zu lassen. Er konnte Weihnachten kaum noch erwarten. Solange noch Schnee lag, würde er bestimmt das Auto im Wohnzimmer fahren lassen dürfen. Gedankenverloren zog er die Schuhe aus.

Erst als er mit Mama am Esstisch saß, fiel ihm auf, dass irgendetwas nicht stimmte. „Wo ist Cleo?", entfuhr es ihm voller Schreck. Mama wusste es nicht und Paul hatte vor lauter Vorfreude auf seine tollen Geschenke gar nicht bemerkt, dass Cleo nicht wie gewohnt an der Haustür auf ihn gewartet hatte. Er rannte hinauf in sein Zimmer, doch wo er auch suchte, Cleo war nirgends zu finden. Besorgt rannte er die Treppen wieder hinunter, riss die Haustür auf und sah hinaus. Er hatte rufen wollen, doch es kam nur ein sehr leises „Cleo, wo bist du?" aus seinem Mund.

Paul wusste, dass irgendetwas passiert sein musste. Auch wenn Mama meinte, dass Cleo schon bald wieder auftauchen würde – Paul kannte Cleo. War sie etwa weggelaufen? Hatte er Cleo vielleicht in den letzten Tagen vernachlässigt, sie zu wenig beachtet? Hatte er zu viel an die tollen Geschenke gedacht, die er sich so sehr wünschte?

Paul bekam ein schlechtes Gewissen.

Als es dunkel wurde, war Cleo noch immer nicht nach Hause gekommen. Paul saß gebannt am Fenster und schaute in die Dämmerung. Zuvor war er hinausgegangen und hatte laut nach ihr gerufen, er war durch den hohen Schnee gestapft und hatte Ausschau nach ihr gehalten. Doch Cleo war nicht zu sehen.

Paul war traurig und wusste nicht, was er tun sollte. Plötzlich kam ihm eine Idee: „Natürlich, ich Dummkopf", sagte er zu sich selbst. „Warum bin ich nicht gleich darauf gekommen?" Er setzte sich an seinen Schreibtisch, zog ein Blatt Papier und einen Filzstift aus der Schublade und schrieb ohne nachzudenken:

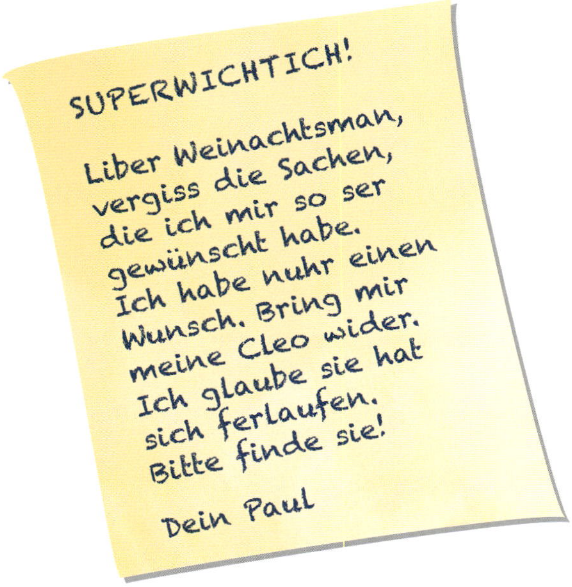
SUPERWICHTICH!

Liber Weinachtsman,
vergiss die Sachen,
die ich mir so ser
gewünscht habe.
Ich habe nuhr einen
Wunsch. Bring mir
meine Cleo wider.
Ich glaube sie hat
sich ferlaufen.
Bitte finde sie!

Dein Paul

Hastig steckte er den Brief in einen Briefumschlag und schrieb „An den Weinachtsman!" darauf. Nun musste er nur noch Mama dazu überreden, ihn heute noch zum Briefkasten zu bringen.

„Mama, Mama!" Rufend lief Paul die Treppe hinunter.

„Hast du Cleo gefunden?", fragte sie, als sie Pauls aufgeregte Stimme hörte.

„Nein, aber ich habe den Weihnachtsmann gebeten Cleo zu finden. Hier: Kannst du den Brief bitte einwerfen?"

Mama nahm ihm den Brief ab und nickte verständnisvoll. „Das ist eine schöne Idee, Paul. Der Weihnachtsmann wird Cleo finden! Und den Brief stecke ich nachher ein, wenn ich Papa vom Bahnhof abhole."

Cleo kauerte auf einem windgeschützten Tannenast und sah zwischen den Zweigen hindurch in die Dunkelheit. Überall um sie herum waren nichts als dunkle Bäume zu sehen. Nur der Schnee, der alles bedeckte, glänzte hier und da ein klein wenig im schwachen Mondlicht. Es war nun schon der Einbruch der zweiten Nacht, die sie alleine in der Kälte verbringen würde.

Plötzlich waren gedämpfte Schritte zu hören und bald, noch deutlicher, das Knirschen des Schnees unter schweren Stiefeln. Die Schritte kamen immer näher und bald sah Cleo einen dunklen Schatten, der sich zwischen den Bäumen bewegte und auf sie zukam.

„Cleo, komm zu mir. Ich bringe dich nach Hause. Paul macht sich große Sorgen", ertönte eine dunkle Stimme. Wer konnte diese dunkle Gestalt nur sein?

Mit einem Mal drängte sich der Mond durch die Wolken und erleuchtete das freundliche Gesicht. Er war es: der Weihnachtsmann! Mit seinem langen, weißen Bart, den warmen Augen und dem roten Mantel war er nicht zu verwechseln. Cleo maunzte vor Erleichterung und um sich bemerkbar zu machen. Sie wollte unbedingt nach Hause zu Paul! Schnell sprang sie von Ast zu Ast und schließlich auf den Boden in den weichen Schnee. Der Weihnachtsmann schmunzelte über die kleine Katze, von der im tiefen Schnee außer der Schwanzspitze nichts mehr zu sehen war. Er bückte sich und nahm Cleo auf den Arm. Sie schnurrte und miaute vor Glück. Endlich würde sie Paul wiedersehen.

Der Weihnachtsmann drückte Cleo fest an sich und sah sie an: „Gut, dass ich dich gefunden habe, Cleo. Weißt du eigentlich, was für ein Glück du mit deinem Paul hast? Ohne ihn wäre ich nicht hier, um dich zu suchen. So, jetzt wollen wir uns mal beeilen, denn es gibt noch jede Menge zu tun ..."

Paul lag im Bett und konnte – wie am Abend zuvor – nicht einschlafen. Seitdem Cleo verschwunden war, machte ihm nichts mehr Spaß. Ob der Weihnachtsmann wohl schon den Brief bekommen hatte? Mama hatte ihn auf jeden Fall eingesteckt, danach hatte Paul sie beim Dekorieren des Lebkuchenhauses mindestens zehn Mal gefragt.

Morgen ist Weihnachten, dachte Paul, und er mochte gar nicht daran denken, wie traurig es ohne Cleo sein würde.

„Bitte, lieber Weihnachtsmann, finde sie!" Er kniff die Augen zu, als ob das seinen Wunsch bestärken würde, und endlich schlief er ein. Doch er hatte eine sehr unruhige Nacht: Er träumte von Cleo und dem Weihnachtsmann.

Es war kein schöner Traum, denn als der Weihnachtsmann Paul gegenüberstand und ihm Cleo zurückgeben wollte, weigerte sich Cleo zu Paul zu gehen. Sie sprang auf den Arm des Weihnachtsmanns und dieser nahm sie wieder mit sich fort. Mit Tränen in den Augen erwachte Paul aus diesem Albtraum. Er sah sich kurz in seinem Zimmer um und schlief noch trauriger als zuvor wieder ein.

Am nächsten Morgen blinzelte die Sonne durch das Fenster, um Paul freundlich zu wecken. So lange hatte er am Weihnachtsmorgen noch nie geschlafen – dafür war er immer viel zu aufgeregt gewesen. Seltsamerweise schienen auch seine Eltern noch zu schlafen. Konnte das sein? Im Haus war es mucksmäuschenstill. Paul kam es komisch vor, obwohl er sich plötzlich ganz glücklich fühlte. Was war bloß los?

Etwas schüchtern ging er die Treppen hinunter. Was war das? Im Wohnzimmer konnte er eine Bewegung erkennen. Als er durch die Tür zum Weihnachtsbaum sah, konnte er seinen Augen nicht trauen: Der Weihnachtsmann hatte bereits alle Geschenke gebracht, und das am frühen Morgen! Langsam und etwas misstrauisch näherte Paul sich den Geschenken, denn ihm war ganz merkwürdig zu Mute. Er spürte, der Weihnachtsmann musste eben erst da gewesen sein.

Und als Paul neben dem Baum stand, sah er sie, sie schlief ganz tief und fest unter dem Baum. „Cleo!", rief Paul. „Da bist du ja!"

Die kleine Katze öffnete die Augen und sah Paul verwundert an. Als Paul sich glücklich auf den Boden kniete und die Arme nach ihr ausstreckte, stand sie auf und schmiegte sich an ihn.

„Danke, lieber Weihnachtsmann", flüsterte er leise. Und all die anderen Geschenke, die der Weihnachtsmann für Paul gebracht hatte, waren nun nicht mehr wichtig.

Sterntaler

Ein Märchen der Gebrüder Grimm

Es war einmal ein kleines Mädchen, dem waren Vater und Mutter gestorben. Es war so arm, dass es kein Kämmerchen mehr hatte, darin zu wohnen, und kein Bettchen mehr, darin zu schlafen. Es hatte nichts mehr bis auf die Kleider auf dem Leib und ein Stückchen Brot in der Hand, das ihm ein mitleidiges Herz geschenkt hatte.

Das Mädchen war aber gut und fromm. Und weil es so von aller Welt verlassen war, ging es im Vertrauen auf den lieben Gott hinaus ins Feld. Da begegnete ihm ein armer Mann, der sprach: „Ach, gib mir etwas zu essen, ich bin so hungrig." Es reichte ihm das ganze Stückchen Brot und sagte: „Gott segne dich", und ging weiter.

Da kam ein Kind, das jammerte und sprach: „Es friert mich so an meinem Kopf, schenk mir etwas, womit ich es bedecken kann." Da nahm das Mädchen seine Mütze ab und gab sie dem Kind. Und als es noch eine Weile gegangen war, kam wieder ein Kind und hatte kein Leibchen an und fror, da gab das Mädchen dem Kind sein Leibchen. Und noch weiter, da bat eins um ein Röcklein und das gab das Mädchen auch von sich hin. Endlich gelangte es in einen Wald und es war schon dunkel geworden, da kam noch eins und bat um ein Hemdlein, und das fromme Mädchen dachte: „Es ist dunkle Nacht, da sieht dich niemand, du kannst wohl dein Hemd weggeben", und gab es auch noch hin.

Und wie es so stand und gar nichts mehr hatte, fielen auf einmal die Sterne vom Himmel und es waren lauter harte, blanke Taler. Und statt des alten Hemdleins, das es weggegeben hatte, hatte es ein neues an, und das war von allerfeinstem Linnen. Da sammelte es sich die Taler hinein und war reich für sein Lebtag.

Der kleine Tannenbaum

Manfred Kyber

Es war einmal ein kleiner Tannenbaum im tiefen Tannenwalde, der wollte so gerne ein Weihnachtsbaum sein. Aber das ist gar nicht so leicht, wie man das meistens in der Tannengesellschaft annimmt, denn der heilige Nikolaus ist in der Beziehung sehr streng und erlaubt nur den Tannen, als Weihnachtsbaum in Dorf und Stadt zu spazieren, die dafür ganz ordnungsgemäß in seinem Buch aufgeschrieben sind. Das Buch ist ganz erschrecklich groß und dick, so wie sich das für einen guten alten Heiligen geziemt, und damit geht er im Walde herum in den klaren, kalten Winternächten und sagt es all den Tannen, die zum Weihnachtsfeste bestimmt sind. Und dann erschauern die Tannen, die zur Weihnacht erwählt sind, vor Freude und neigen sich dankend und dazu leuchtet des Heiligen Heiligenschein. Das ist sehr schön und sehr feierlich.

Und der kleine Tannenbaum im tiefen Tannenwalde, der wollte so gerne ein Weihnachtsbaum sein.

Aber manches Jahr schon ist der heilige Nikolaus an dem kleinen Tannenbaum vorbeigegangen und hat wohl ernst und geschäftig in sein erschrecklich großes Buch geguckt, aber auch nichts und gar nichts dazu gesagt. Der arme kleine Tannenbaum war eben nicht ordnungsgemäß vermerkt – und da ist er sehr traurig geworden und hat ganz schrecklich geweint, so dass es ordentlich tropfte von allen Zweigen.

Wenn jemand so weint, dass es tropft, so hört man das natürlich, und diesmal hörte das ein kleiner Wicht, der ein grünes Moosröcklein trug, einen grauen Bart und eine feuerrote Nase hatte und in einem dunklen Erdloch wohnte. Das Männchen aß Haselnüsse, am liebsten hohle, und las Bücher, am liebsten dicke, und war ein ganz boshaftes kleines Geschöpf. Aber den Tannenbaum mochte es gerne leiden, weil es oft von ihm ein paar grüne Nadeln geschenkt bekam für sein gläsernes Pfeifchen, aus dem es immer blaue, ringelnde Rauchwolken in die goldene Sonne blies – und darum ist der Wicht auch gleich herausgekommen, als er den Tannenbaum so jämmerlich weinen hörte, und hat gefragt: „Warum weinst du denn so erschrecklich, dass es tropft?"

Da hörte der kleine Tannenbaum etwas auf zu tropfen und erzählte dem Männchen sein Herzeleid. Der Wicht wurde ganz ernst und seine glühende Nase glühte so sehr, dass man befürchten konnte, das Moosröcklein finge Feuer. Aber es war ja nur die Begeisterung und das ist nicht gefährlich. Der Wichtelmann war also begeistert davon, dass der kleine Tannenbaum so gerne ein Weihnachtsbaum sein wollte, und sagte bedächtig, indem er sich aufrichtete und ein paarmal bedeutsam schluckte: „Mein lieber kleiner Tannenbaum, es ist zwar unmöglich, dir zu helfen, aber ich bin eben ich und mir ist es vielleicht doch nicht unmöglich. Ich bin nämlich mit einigen Wachslichtern, darunter mit einem ganz bunten, befreundet und die will ich bitten zu dir zu kommen. Auch kenne ich ein großes Pfefferkuchenherz, das allerdings nur flüchtig – aber jedenfalls will ich sehen, was sich machen lässt. Vor allem aber weine nicht mehr so erschrecklich, dass es tropft." Damit nahm der kleine Wicht einen Eiszapfen in die Hand als Spazierstock und wanderte los durch den tiefen, weiß verschneiten Wald, der fernen Stadt zu.

Es dauerte sehr, sehr lange und am Himmel schauten schon die ersten Sterne der Heiligen Nacht durchs winterliche Dämmergrau auf die Erde hinab und der kleine Tannenbaum war schon wieder ganz traurig geworden.

Er dachte, dass er nun doch wieder kein Weihnachtsbaum sein würde. Aber da kam's auch schon ganz eilig und aufgeregt durch den Schnee gestapft, eine ganze kleine Gesellschaft: der Wicht mit dem Eiszapfen in der Hand und hinter ihm sieben Lichtlein – und auch eine Zündholzschachtel war dabei, auf der sogar was draufgedruckt war und die so kurze Beinchen hatte, dass sie nur mühsam durch den Schnee wackeln konnte.

Wie sie nun alle vor dem kleinen Tannenbaum standen, da räusperte sich der kleine Wicht im Moosröcklein vernehmlich, schluckte ein paarmal gar bedeutsam und sagte: „Ich bin eben ich – und darum sind auch alle meine Bekannten mitgekommen. Es sind sieben Lichtlein aus allervornehmstem Wachs, darunter sogar ein buntes, und auch die Zündholzschachtel ist aus einer ganz besonders guten Familie, denn sie zündet nur an der braunen Reibfläche. Und jetzt wirst du also ein Weihnachtsbaum werden. Das große Pfefferkuchenherz, das ich nur flüchtig kenne, hat auch versprochen zu kommen, es wollte sich nur noch ein Paar warme Filzschuhe kaufen, weil es gar so kalt ist draußen im Walde.

Eine Bedingung hat es freilich gemacht: Es muss gegessen werden, denn das müssen alle Pfefferkuchenherzen, das ist nun mal so. Ich habe schon einen Dachs benachrichtigt, den ich sehr gut kenne. Er liegt jetzt im Winterschlaf, doch versprach er, als ich ihn weckte, das Pfefferkuchenherz zu speisen. Hoffentlich verschläft er's nicht!"

Als das Männchen das alles gesagt hatte, räusperte es sich wieder vernehmlich und schluckte ein paarmal gar bedeutsam, und dann verschwand es im Erdloch. Die Lichtlein aber sprangen auf den kleinen Tannenbaum hinauf und die Zündholzschachtel zog sich ein Zündholz nach dem anderen aus dem Magen, strich es an der braunen Reibfläche und steckte alle die Lichtlein der Reihe nach an. Und wie die Lichtlein brannten und leuchteten im tief verschneiten Walde, da ist auch noch keuchend und atemlos vom eiligen Laufen das Pfefferkuchenherz angekommen und hängte sich sehr freundlich mitten in den grünen Tannenbaum, trotzdem es nun doch die warmen Filzschuhe unterwegs verloren hatte und arg erkältet war. Der kleine Tannenbaum aber, der so gerne ein Weihnachtsbaum sein wollte, der wusste gar nicht, wie ihm geschah, dass er nun doch ein Weihnachtsbaum war.

Am anderen Morgen aber ist der Dachs aus seiner Höhle gekrochen, um sich das Pfefferkuchenherz zu holen. Und wie er ankam, da hatten es die kleinen Englein schon gegessen, die ja in der Heiligen Nacht auf die Erde dürfen und die so gerne die Pfefferkuchenherzen speisen. Da ist der Dachs sehr böse geworden und hat sich bitter beklagt und ganz furchtbar auf den kleinen Tannenbaum geschimpft.

Dem aber war das ganz einerlei, denn wer einmal in seinem Leben seine Heilige Weihnacht gefeiert hat, den stört auch der frechste Frechdachs nicht mehr.

Weihnachten ist hier ganz anders

Avalon Koeppl

In den letzten Wochen war es von Tag zu Tag kälter geworden. Seit kurzem lag Schnee und nun sah es so aus, als würde es tatsächlich weiße Weihnachten geben.

Wie jedes Jahr freute sich Lea unglaublich auf Weihnachten und auf alles, was dazugehörte: der Tannenbaum, Weihnachtslieder und natürlich die Geschenke. Aber heute früh hatte sie einen Brief von ihrer Brieffreundin Sarah aus Australien bekommen und plötzlich war alles anders: Sarah lud Lea und ihre Eltern ein, über Weihnachten nach Australien zu kommen. „P. S. Und bring Deine Badesachen mit, dann können wir im Meer baden gehen!", hatte sie als Letztes geschrieben.

„Badesachen? Im Winter kann man doch nicht im Meer baden!", sagte Lea verwundert zu ihrer Mutter.

„Weißt du, Lea, du kannst dir das vielleicht nur schwer vorstellen, aber in Australien ist jetzt gerade Sommer! Australien liegt nämlich auf der Südhalbkugel. Dort ist Sommer, wenn wir Winter haben, und wenn wir Sommer haben, ist in Australien Winter."

Lea sah ihre Mutter mit großen Augen an. Nein, das konnte sie sich wirklich nicht vorstellen. „Warst du schon mal in Australien?"

„Nein, leider noch nicht. Aber vielleicht fliegen wir ja bald zusammen hin!" Ihre Mutter lächelte Lea verschwörerisch an und kniff ihr sanft in den Arm.

„Echt, Mama? Meinst du, Papa hat auch Lust? Wir haben doch noch nie Weihnachten woanders als zu Hause gefeiert!"

„Tja, dann wird es wohl mal Zeit! Und dein Vater, der ist ein richtiger Australien-Fan. Lass mich mal machen, Lea."

Lea hätte ihren Papa am liebsten sofort gefragt. Aber ausgerechnet an diesem Abend kam er erst nach Hause, als sie schon schlief.

Am nächsten Morgen trottete Lea mit ihrem Plüschkänguru unterm Arm in die Küche, wo ihr Vater bereits auf sie wartete.

„Guten Morgen, Lea!", begrüßte er sie gut gelaunt. „Mama hat mir gestern Abend von Sarahs Brief erzählt." Plötzlich war Leas Müdigkeit komplett verschwunden: „Und, Papa, fliegen wir nach Australien?"

Leas Mutter setzte sich neben sie und zwinkerte Papa fröhlich zu.

„Es wäre doch toll, dein Kuschelkänguru lebend und in voller Größe zu sehen."

„Au jaaaa!", rief Lea und hüpfte durch die Küche. „Wir fahren nach Australien, wir fahren nach Australien!"

„Wir haben gestern im Internet auch schon nach einem Flug geschaut – und gleich gebucht: In drei Tagen geht es los!", ergänzte Mama. Begeistert sprang Lea ihrer Mutter in die geöffneten Arme und beide wirbelten einmal im Kreis herum.

„Ich habe gestern auch Sarahs Eltern eine E-Mail geschrieben, dass wir die Einladung gerne annehmen", erklärte ihr Papa. „Und eines kannst du mir glauben, Sarah freut sich genauso doll wie du!" Lea lächelte, doch dann fragte sie verwundert: „War Sarah denn gestern so spät noch auf?"

„Sarah muss bestimmt genauso früh ins Bett wie du, Lea. Aber in Australien ist nicht dieselbe Uhrzeit wie bei uns in Deutschland. Als ich gestern am späten Abend eine Antwort von den Jacksons erhalten habe, war bei denen schon der nächste Morgen. In Australien ist es, wenn wir Nachmittag haben, bereits tiefe Nacht. Und wenn wir schlafen, dann stehen Sarah und ihre Familie schon wieder auf."

Lea sah ihren Papa mit großen Augen an. „Dann ist es bei Sarah Nacht, wenn bei uns Tag ist? Und wenn die Australier Sommer haben, dann haben wir Winter? Ist denn da alles anders?"

„Tja", schmunzelte ihr Vater, „das werden wir bald herausfinden!"

Drei Tage später stand Lea mit ihren Eltern am Flughafen. Als sie ins Flugzeug stiegen, blieb ihr vor Staunen der Mund offen stehen. „Wow, ist das riesig. Und hier hat ja sogar jeder seinen eigenen Fernseher!"

„Ja, wir fliegen heute mit dem größten und neuesten Flugzeug der Welt. Es heißt A380", sagte Papa stolz.

Als Lea es sich in ihrem Sitz bequem gemacht hatte, sagte sie bewundernd: „Ganz schön gemütlich, so ein A dingsdabumsda!"

Mama lächelte: „Ja, zum Glück! Schließlich werden wir erst in vielen Stunden in Singapur landen. Dort müssen wir dann umsteigen und mit einem anderen Flugzeug weiter bis nach Sydney fliegen."

Endlich war es geschafft! Und als Lea und ihre Eltern nach 26 Stunden in Sydney landeten, wurden sie freudestrahlend von Sarah und ihrer Familie begrüßt. Lea war ziemlich müde, doch Sarah sprang aufgeregt auf sie zu.

„Hi, Lea, toll, dass wir uns endlich mal sehen. Das ist mein Bruder Noah und das sind meine Eltern."

„Hallo, ich bin Will!", sagte Sarahs Vater und gab Lea und ihren Eltern die Hand. „Und das ist meine Frau Marie-Ann!"

„Es freut uns sehr, euch kennenzulernen!", sagte Leas Vater.

Als sie alle gemeinsam das Flughafengebäude verließen, kam Lea aus dem Staunen nicht heraus. Mit ihrer langen Hose und dem dicken Pulli kam sie sofort ins Schwitzen. Schnell zog sie die dicken Sachen aus.

Als sie in den Van kletterten, flüsterte Lea ihrer Mutter zu: „He, Mama, die haben ja das Lenkrad auf der falschen Seite!"

Leas Mutter grinste und meinte nur: „Warte ab, gleich wirst du staunen!" Und das tat Lea, denn Sarahs Vater fuhr nicht wie in Deutschland auf der rechten Seite der Straße, sondern auf der linken!

„Papa", fragte Lea laut, „warum fahren hier die Autos auf der falschen Seite?"

„Eigentlich fahren die Autos nicht auf der falschen, sondern bloß auf der ANDEREN Seite. Aber das ist nichts Ungewöhnliches. In vielen Ländern fahren die Autos auf der linken Seite der Straße. Und deshalb haben zum Beispiel australische Autos auch das Lenkrad auf der anderen, nämlich auf der rechten Seite."

Sarah und ihre Familie wohnten am Stadtrand von Sydney und es dauerte ziemlich lange, bis sie dort ankamen.

Zuerst zeigte Sarah Lea und ihren Eltern das Haus. Lea fand, dass es gar nicht so viel anders aussah als bei ihr zu Hause. Es gab ein Wohnzimmer mit Sofas, Sesseln und großem Fernseher. Bad und Küche sahen auch so ähnlich aus, wie Lea es kannte. Im Garten aber zeigte Sarah ihr den großen Swimmingpool.

„Das ist ja cool. So einen hätte ich auch gerne im Garten!", sagte Lea bewundernd.

„Hier bei uns haben fast alle einen Pool im Garten", antwortete Sarah. „Schließlich ist es fast das ganze Jahr über warm."

„Habt ihr denn im Winter keinen Schnee?", fragte Lea erstaunt.

„Nein, im Winter ist es zwar kälter, vor allem nachts, aber schneien tut es hier nicht. Nur weiter weg, in den Bergen, schneit es manchmal. Komm, lass uns schwimmen gehen! Hast du deine Badesachen dabei?"

„Klar", sagte Lea. „Ich hol sie schnell!"

Keine zwei Minuten später sprangen und planschten die beiden im Wasser herum und Leas Müdigkeit schien wie weggeflogen.

„Du, Lea, willst du bei mir im Zimmer schlafen?", fragte Sarah mit blitzenden Augen. „Dann können wir uns noch ganz lange was erzählen!"

„Au ja, gerne!", strahlte Lea ihre neue Freundin an.

Am nächsten Morgen fanden sich alle zum Frühstück auf der Terrasse zusammen. „Morgen ist ja Weihnachten! Feiern wir eigentlich hier?", fragte Lea. Sarah und ihre Familie sahen sie fragend an.

„Ach so, das haben wir dir gar nicht gesagt", unterbrach Leas Mutter. „Hier in Australien wird erst am 25. Dezember Weihnachten gefeiert. Du musst also einen Tag länger auf deine Geschenke warten."

„Hm“, meinte Lea, „hier ist wirklich alles anders!“

„Auf jeden Fall haben wir geplant am Weihnachtstag in den Park zu gehen und dort zu grillen. Habt ihr Lust?“, fragte Sarahs Vater.

Alle nickten begeistert.

Sarah und Lea waren mittlerweile gute Freundinnen geworden und Lea fühlte sich sehr wohl bei Sarahs Familie. Doch am Weihnachtsmorgen war ihr etwas komisch zu Mute. Es fühlte sich alles gar nicht nach Weihnachten an.

Gegen Mittag machten sich alle auf in den Park. Dort stellten sie einen großen Grill auf und setzten sich an einen langen Holztisch.

„Schaut mal!“, rief Lea plötzlich. „Ein Känguru! Da drüben. Oh, wie süß! Es hat ein Baby im Beutel!“

„Schnell, komm mit“, sagte Sarah, „die Kängurus hier im Park sind Menschen gewöhnt. Manchmal lassen sie sich streicheln.“

Vorsichtig näherten sich die Mädchen dem Känguru. Zunächst hüpfte es weg, doch dann wurde es neugierig und kam zu den beiden Freundinnen. Vorsichtig streichelte Lea das Känguru am Hals.

Zurück beim Grill, setzte sich Lea zu ihren Eltern. „Habt ihr das gesehen? Ich habe das Känguru gestreichelt!“ Dann fügte sie leise hinzu: „Ich dachte schon, es würde kein schönes Weihnachten, weil alles so anders hier ist. Aber jetzt finde ich es doch ganz toll!“

„Dreh dich mal um, Lea. Ich glaube Sarah hat noch eine Überraschung für dich!“

Hinter ihr stand Sarah mit einem Koala auf dem Arm. „Hier, nimm du ihn mal“, forderte Sarah ihre Freundin auf. Nachdem Lea den kuscheligen Bären eine Weile vorsichtig gestreichelt hatte, fasste sie Mut und streckte die Arme nach ihm aus. Sarah lächelte Lea an: „Er wird dich sicher mögen. Schade nur, dass man die Koalas nicht mit nach Hause nehmen darf!“

„Dafür haben wir andere Geschenke!“, verkündete Sarahs Mutter nun feierlich und gab als Erstes Sarah, Noah und Lea ein Paket. Auch Leas Eltern verteilten kleinere und größere Päckchen. Lea packte zuerst ein mit merkwürdigen Malereien verziertes Holzrohr aus.

„Das ist ein Didgeridoo. Es ist ein altes Instrument der Aborigines, der Ureinwohner Australiens“, erklärte Sarahs Mutter.

Lea sah es bewundernd an. Aber als sie das Geschenk von Sarah auspackte, verwandelte sich ihr Gesicht in ein Strahlen: „Ein Koala!“, sagte sie und drückte erst das Kuscheltier und dann ihre Freundin fest an sich.

Auch wenn es sich ganz und gar nicht nach Weihnachten anfühlte, war Lea sich sicher, dass sie dieses Weihnachtsfest nie vergessen würde!

Der Skiurlaub

Avalon Koeppl

„Nein", rief Julia laut. „Ich will nicht!"

Julias Mutter sah genervt zu Julia und betrachtete kopfschüttelnd die Sachen auf ihrem Bett, die Julia eigentlich schon längst in ihren Koffer hätte packen sollen.

„Marie und ich haben so tolle Pläne für die Weihnachtsferien. Wir dürfen sogar Carolas Pony reiten, solange sie im Urlaub ist. Und was macht ihr? Plant spontan einen Skiurlaub! Echt toll! Ich komme nicht mit!"

„Ich versteh dich ja", sagte Julias Mutter verständnisvoll. „Aber ich bin mir sicher, dass du im Skiurlaub noch viel mehr Spaß haben wirst als hier mit Carolas Pony. Und Weihnachten in den Bergen zu feiern ist wunderschön!"

Julia schluckte. Sie wusste, dass sie nicht alleine hierbleiben durfte. Sie war ja erst zehn. Wütend warf sie ihre Socken in den Koffer und wischte sich eine Träne von der Wange.

„Danke", sagte ihre Mutter und legte einen Arm um sie, um ihr einen Kuss auf die Stirn zu drücken. Doch Julia drehte sich weg und wollte nur noch das Kofferpacken hinter sich bringen.

Wenigstens würde Bina, ihr Bernhardiner, mit ihnen in den Urlaub fahren. So war sie nicht ganz allein.

Nach stundenlanger Autofahrt erreichten Julia und ihre Eltern Westendorf, einen kleinen Ort in Tirol. Julia versuchte ein Lächeln vor ihren Eltern zu verbergen. Sie sah die Gondel, die hoch auf den Berg hinauffuhr, und freute sich heimlich darauf, am nächsten Tag selbst mit der Gondel zu fahren. Überall lag Schnee und Julia wurde richtig feierlich zu Mute.

Das Hotel hatte Julia sich ganz anders vorgestellt. Es sah aus wie ein ganz großes Holzhaus. Richtig urig. Gar nicht wie diese schicken Hotels, die sie bisher aus ihrem Ostseeurlaub kannte. Julia wollte es sich zwar nicht anmerken lassen, aber sie war plötzlich ganz glücklich. Gemütlich und ebenfalls sehr zufrieden stapfte Bina durch den Schnee und schnüffelte am Wegesrand. Bina liebte Schnee. Sie warf sich manchmal hinein und wälzte sich darin mit einem zufriedenen Bellen und Grunzen. Als gäbe es nichts Schöneres auf der Welt!

Vor dem Hotel hatten die Gäste ihre Skier in Ständer gestellt. Julia staunte nicht schlecht über die langen Reihen. Daneben standen zwei Rennschlitten, die sich Julia unbedingt aus der Nähe ansehen wollte. Einer der Schlitten war schwarz und hatte einen silbernen Blitz an der Seite. Der andere war knallpink mit einem grünen Muster. Den hätte Julia am liebsten gleich ausprobiert und strich mit der Hand über den Lack.

„Hey du!“, rief jemand hinter ihr. „Finger weg von unseren Schlitten!“

Schnell drehte sich Julia um. Vor ihr standen ein Junge und ein Mädchen in ihrem Alter. Der Junge sah sie böse an, doch das Mädchen lächelte versöhnlich.

„Mensch, Niko, jetzt sei doch nicht immer so misstrauisch“, sagte das Mädchen und boxte dabei dem Jungen leicht in die Seite.

„Ja, äh, 'tschuldigung. Ich wollte wirklich nur mal gucken. Echt cool, eure Schlitten“, sagte Julia schüchtern.

Da kam Bina, drückte sich an Julias Bein und schaute freundlich nach oben zu den beiden Fremden. Etwas verängstigt trat der Junge einen Schritt zurück. Das Mädchen aber beugte sich sogleich zu Bina hinunter und streichelte ihr über den Kopf. „Na du, wer bist du denn?“

„Das ist Bina“, antwortete Julia stellvertretend für ihren Hund.

Das Mädchen sah Julia an. „Und ich bin Anna – und wie heißt du?“

„Julia.“

„Komm doch mal näher, Niko, Bina tut dir nichts. Du bist echt ein Angsthase!“

„Ich, ein Angsthase? Ich glaub du spinnst!“, raunte der Junge und tippte sich dabei mit dem Zeigefinger gegen die Stirn. Langsam näherte er sich den Mädchen.

„Und das ist mein Zwillingsbruder Niko. Er hat Angst vor Hunden, gibt es aber natürlich nicht zu!“, sagte Anna und kicherte.

„So ein Quatsch. Ich habe vor nichts und niemandem Angst.“ Beleidigt verschränkte Niko die Arme vor der Brust und würdigte seine Schwester keines Blickes mehr.

„Bina tut auf jeden Fall keiner Fliege was zu Leide. Sie ist immer lieb“, versuchte Julia das Gespräch wieder aufzulockern. „Ich bin Julia, Niko.“

Julia war erleichtert. Sie freute sich so schnell Freunde gefunden zu haben. Besonders Anna mochte sie gerne. Für den nächsten Tag verabredeten sie sich zum Schlittenfahren. Jetzt musste Julia nur noch ihre Eltern dazu überreden, ihr auch so einen tollen Schlitten auszuleihen.

Beim Abendbrot erzählte Julia Mama und Papa von ihren Plänen für den kommenden Tag.

„Ich dachte eigentlich, du würdest einen Skikurs machen und mit uns auf den Berg fahren“, sagte Julias Mutter ein wenig enttäuscht.

„Ja, Mama, das kann ich doch übermorgen auch noch machen. Für morgen brauche ich erst einmal einen Schlitten. Und zwar so einen wie Anna hat“, sagte Julia aufgeregt.

„Na gut. Wir freuen uns ja, dass du gleich Freunde gefunden hast. Wir gehen morgen nach dem Frühstück zum Schlittenverleih“, gab Julias Mutter nach.

„Super, danke! Dann sag ich gleich den beiden Bescheid“, antwortete Julia und sprang stürmisch auf.

„Eine Sache noch“, warf Julias Papa ein. „Haltet euch von den gesperrten Pisten fern. Es besteht Lawinengefahr und das ist kein Witz! Und Bina kommt mit euch, ja?“

„Alles klar!“, antwortete Julia noch und schon war sie aus der Tür.

Als sie am nächsten Morgen aufwachte, war Julia nicht mehr ganz so guter Laune: Sie hatte geträumt, dass sie völlig eingeschneit waren und tagelang im Hotel festsaßen.

„Ist doch nur ein Traum“, sagte sie zu sich und sprang aus dem Bett.

Nach einem leckeren Frühstück ging sie zusammen mit ihrem Vater zum Schlittenverleih. Zum Glück gab es noch einen Schlitten, wie Anna ihn hatte. Doch dieser war mintgrün mit einem pinkfarbenen Muster an der Seite. Julia strahlte vor Glück, als ihr Vater die Leihgebühr für drei Tage im Voraus zahlte. Als sie zum Hotel zurückkamen, warteten Anna und Niko schon auf Julia.

Fröhlich winkte Anna ihr zu. „Hallo Julia, da bist du ja! Toller Schlitten!“

Julia freute sich und auch ihr Vater schien froh darüber zu sein, dass seine Tochter so freundlich empfangen wurde.

„Dann hol ich Bina, damit ihr gleich losdüsen könnt“, schlug er vor.

„Prima, Papa, danke!“

„Wie?“ Niko schaute verwirrt. „Soll der Hund etwa mit uns kommen?“

Die Mädchen sahen sich grinsend an.

„Ich habe keine Angst, ihr doofen Hühner! Ich denke doch nur, dass es unpraktisch ist mit so einem großen Hund beim Rodeln. Nachher läuft der einem noch vor den Schlitten!“, rechtfertigte sich Niko.

„Schon klar“, antwortete Anna und klopfte Niko auf die Schulter. „Bina kommt aber trotzdem mit. Sonst muss Julia auch hierbleiben.“

Da kam Julias Vater auch schon mit Bina um die Ecke und sie stürmte freudig auf die drei Kinder zu. Niko wich automatisch einen Schritt zurück und die beiden Mädchen kicherten.

Wortlos schnappte sich Niko seinen Schlitten und ging voran. Anna und Julia sahen sich lächelnd an und folgten Niko zusammen mit Bina und ihren Schlitten zu den Rodelpisten, die nur etwa 20 Minuten Fußweg vom Hotel entfernt waren.

„Warte doch mal“, rief Anna ihrem Bruder hinterher. „War doch nicht so gemeint!“

„Ich werd euch schon zeigen, dass ich vor NICHTS Angst habe!", rief Niko, ohne sich dabei umzudrehen.

Auf einmal bog er nach rechts ab, schaute einen Hang hinunter und setzte sich auf seinen Schlitten. Direkt neben ihm stand ein großes Schild mit der Aufschrift: GESPERRT– LAWINENGEFAHR!

„Niko, nicht, die Piste ist gesperrt!", rief Julia aufgeregt.

„Ja klar – hast du etwa Angst?", antwortete Niko grinsend.

Doch bevor Julia oder Anna noch etwas hinzufügen konnten, sauste er den Hang hinunter. Auf halber Strecke sprang er mit dem Schlitten über einen kleinen Vorsprung, der Schlitten kippte und Niko landete unsanft im Schnee. Anna und Julia blieb das Herz stehen, doch Niko stand wieder auf und lief zu seinem Schlitten, der ein paar Meter weitergerutscht war.

Gerade als die Mädchen erleichtert aufatmeten, hörten sie ein Raunen. Sie sahen, wie sich von dem Vorsprung eine Schneelawine löste und auf Niko zuraste. Noch bevor die beiden fassen konnten, was da unten passierte, war von Niko und seinem Schlitten nichts mehr zu sehen. Vor ihnen lag nur eine große weiße Fläche.

„Niko!", schrie Anna und wollte losrennen. Julia aber packte sie am Arm und hielt sie zurück. „Anna, wir müssen Hilfe holen. Wenn wir da runtergehen, liegen wir vielleicht gleich alle drei unter dem Schnee!"

Plötzlich rannte Bina den Hang hinunter.

„Bina!", schrie nun Julia und wollte gerade hinterherrennen, als wiederum Anna sie am Arm packte.

„Komm, wir laufen zurück zum Hotel und holen Hilfe", sagte Anna mit Tränen in den Augen.

Und so rannten sie los. Julia drehte sich noch einmal zu Bina um, aber diese rannte unbeirrt zu der Stelle, wo Niko irgendwo unter dem Schnee liegen musste.

Als sie kurze Zeit später zusammen mit fünf Männern von der Bergwacht zurückkamen, sahen sie, wie Bina gerade Niko unter dem Schnee hervorzog. Seine Hand griff dankbar nach dem Halsband des großen Bernhardiners und Anna atmete erleichtert auf. Die Männer stürmten hinunter und schon bald war klar: Niko war nichts Schlimmes passiert. Während die Bergwacht sich mit ihm unterhielt, wich Bina nicht von seiner Seite. Niko hielt noch immer die Hand auf dem Rücken des Hundes.

Schließlich brachten die Männer Niko, Julia und Anna zurück zum Hotel, wo auch ihre Eltern gerade eintrafen und aufgeregt auf die Kinder zustürmten.

„Nikolas", rief Annas und Nikos Mutter aufgeregt. „Ein Glück, dir ist nichts passiert!"

Anna, Julia, Niko und ihre Eltern gingen in die Restaurantstube des Hotels. Die Kinder bekamen den schönsten Platz auf der Bank direkt am Kachelofen und jeder eine große heiße Schokolade mit Sahne. Und dann erzählten sie, was geschehen war. Alle waren überglücklich, dass sie nun gesund und munter beisammen saßen. Heldin des Tages war natürlich Lebensretterin Bina. Ohne sie wäre die ganze Sache vielleicht nicht so glimpflich ausgegangen. Die aber machte sich nichts aus ihrem Ruhm, sondern schlief gemütlich am Kachelofen. Niko streichelte ihr ab und zu über das weiche Fell. Schließlich sagte er: „Morgen gehen wir wieder rodeln – aber dieses Mal nur auf den richtigen Pisten. Und Bina muss natürlich mit!"

An dem darauffolgenden Abend lag Julia glücklich im Bett und dachte, dass ihre Mutter doch Recht gehabt hatte: Sie hatte unglaublich viel Spaß und auch Weihnachten würde dieses Jahr unvergesslich werden!

Schneeweißchen und Rosenrot

Ein Märchen der Gebrüder Grimm

Es war einmal eine arme Witwe, die lebte in einer Hütte. Vor der Hütte war ein Garten, darin standen zwei Rosenbäumchen, das eine trug weiße, das andere rote Rosen. Sie hatte zwei Kinder, die glichen den beiden Rosenbäumchen, und das eine hieß Schneeweißchen, das andere Rosenrot. Beide waren so fromm und gut, fleißig und fröhlich wie selten zwei Kinder auf der Welt.

Schneeweißchen war stiller und sanfter als Rosenrot. Rosenrot sprang lieber in den Wiesen und Feldern umher, suchte Blumen und sang mit den Sommervögeln. Schneeweißchen aber saß daheim bei der Mutter, half ihr im Haushalt oder las ihr vor, wenn nichts zu tun war.

Die beiden Kinder hatten einander so lieb, dass sie sich immer an den Händen fassten, sooft sie zusammen ausgingen.

Oft liefen sie zusammen im Wald umher und sammelten rote Beeren, aber kein Tier tat ihnen etwas zu Leide. Sie kamen vertraulich herbei: Das Häschen fraß ein Kohlblatt aus ihren Händen, das Reh graste an ihrer Seite, der Hirsch sprang lustig vorbei und die Vögel blieben auf den Ästen sitzen und sangen, was sie nur wussten. Wenn sie sich verspätet hatten und die Nacht sie überfiel, so legten sie sich ins Moos, schliefen, bis der Morgen kam, und die Mutter wusste das und machte sich ihretwegen keine Sorgen.

Einmal, als sie im Wald übernachtet hatten und das Morgenrot sie aufweckte, da sahen sie ein schönes Kind in einem weißen, glänzenden Kleidchen neben ihrem Lager

sitzen. Es blickte sie freundlich an, sprach aber nichts und ging in den Wald hinein. Da sahen sie, dass sie ganz nahe an einem Abgrund geschlafen hatten und gewiss hineingefallen wären, wenn sie in der Dunkelheit noch ein paar Schritte weiter gegangen wären. Die Mutter aber meinte, das müsse wohl der Engel gewesen sein, der gute Kinder bewache.

Schneeweißchen und Rosenrot hielten die Hütte so sauber, dass es eine Freude war. Im Sommer stellte Rosenrot der Mutter jeden Morgen einen Blumenstrauß vors Bett, darin war von jedem Bäumchen eine Rose.

Im Winter zündete Schneeweißchen das Feuer an und hängte den Kessel an den Feuerhaken. Abends, wenn die Flocken fielen, sagte die Mutter: „Geh, Schneeweißchen, und schieb den Riegel vor“, und dann setzten sie sich an den Herd und die Mutter nahm die Brille und las aus einem großen Buch vor und die beiden Mädchen hörten zu. Neben ihnen lag ein Lämmchen auf dem Boden und hinter ihnen auf einer Stange saß ein weißes Täubchen.

Eines Abends, als sie wieder einmal so gemütlich beisammensaßen, klopfte jemand an die Türe, als wollte er hereingelassen werden. Die Mutter sprach: „Geschwind, Rosenrot, mach auf, es wird ein Wanderer sein, der Obdach sucht.“ Rosenrot ging und schob den Riegel weg und dachte, es wäre ein armer Mann, aber es war ein Bär, der seinen dicken, braunen Kopf zur Tür hereinsteckte. Rosenrot schrie laut auf und sprang zurück. Das Lämmchen blökte, das Täubchen flatterte auf und Schneeweißchen versteckte sich hinter dem Bett der Mutter. Der Bär aber fing an zu sprechen und sagte: „Fürchtet euch nicht, ich tue euch nichts zu Leide, ich bin halb erfroren und will mich nur ein wenig bei euch wärmen.“

„Du armer Bär“, sprach die Mutter, „leg dich ans Feuer und gib nur acht, dass dir dein Pelz nicht anbrennt.“ Dann rief sie: „Schneeweißchen, Rosenrot, kommt hervor, der Bär tut euch nichts, er meint es ehrlich.“

Da kamen sie beide heran und nach und nach näherten sich auch das Lämmchen und das Täubchen und hatten keine Furcht mehr vor ihm.

Der Bär sprach: „Ihr Kinder, klopft mir den Schnee ein wenig aus dem Pelz."

Und sie holten den Besen und kehrten dem Bär das Fell rein; er aber streckte sich ans Feuer und brummte ganz vergnügt und behaglich. Nicht lange, so wurden sie ganz vertraut und machten ihre Späße mit dem unbeholfenen Gast. Sie zausten ihm das Fell mit den Händen, setzten ihre Füßchen auf seinen Rücken und wälzten ihn hin und her, oder sie nahmen eine Haselrute und schlugen auf ihn los und wenn er brummte, so lachten sie.

Der Bär ließ sich's aber gern gefallen, nur wenn sie's gar zu toll trieben, rief er: „Lasst mich am Leben, ihr Kinder! Schneeweißchen, Rosenrot, schlägst dir den Freier tot."

Als Schlafenszeit war und die anderen zu Bett gingen, sagte die Mutter zu dem Bär: „Du kannst in Gottes Namen da am Herde liegen bleiben, so bist du vor der Kälte und dem bösen Winter geschützt."

Sobald der Tag graute, ließen ihn die beiden Kinder hinaus und er trabte über den Schnee in den Wald hinein. Von nun an kam der Bär jeden Abend zur gleichen Stunde zur Hütte, legte sich an den Herd und erlaubte den Kindern, mit ihm zu spielen, so viel sie wollten; und sie waren so gewöhnt an ihn, dass sie die Tür nicht eher verriegelten, bis der braune Geselle gekommen war. Als das Frühjahr herangekommen und draußen alles grün war, sagte der Bär eines Morgens zu Schneeweißchen: „Nun muss ich fort und darf den ganzen Sommer nicht wiederkommen."

„Wo gehst du denn hin, lieber Bär?", fragte Schneeweißchen.

„Ich muss in den Wald und meine Schätze vor den bösen Zwergen hüten: Im Winter, wenn die Erde hart gefroren ist, müssen sie wohl unten bleiben und können sich

nicht durcharbeiten. Aber jetzt, wenn die Sonne die Erde aufgetaut und erwärmt hat, da brechen sie durch, steigen herauf, suchen und stehlen. Was einmal in ihren Händen ist und in ihren Höhlen liegt, das kommt nicht so leicht wieder ans Tageslicht."

Schneeweißchen war ganz traurig über den Abschied. Als das Mädchen dem Bären die Tür aufschloss und dieser sich hinausdrängte, blieb er am Türhaken hängen und ein Stück seines Fells riss auf, und da war es Schneeweißchen, als hätte es Gold durchschimmern gesehen; aber es war nicht sicher, was es da gesehen hatte. Der Bär jedoch lief eilig und war bald hinter den Bäumen verschwunden.

Nach einiger Zeit schickte die Mutter die Kinder in den Wald, Reisig zu sammeln. Da fanden sie draußen einen großen Baum und an seinem Stamm sprang im hohen Gras etwas auf und ab. Sie konnten aber nicht genau erkennen, was es war.

Als sie näher kamen, sahen sie einen Zwerg mit einem alten, verwelkten Gesicht und einem ellenlangen, schneeweißen Bart. Das Ende des Bartes war in einer Spalte des Baumes eingeklemmt und der Kleine sprang hin und her wie ein Hündchen an einem Seil und wusste nicht, wie er sich helfen sollte.

Er glotzte die Mädchen mit seinen roten, feurigen Augen an und schrie: „Was steht ihr da? Könnt ihr nicht herkommen und mir Beistand leisten?"

„Was hast du gemacht, kleines Männchen?", fragte Rosenrot.

„Dumme, neugierige Gans", antwortete der Zwerg, „den Baum habe ich mir spalten wollen, um Kleinholz in der Küche zu haben; bei den dicken Klötzen verbrennt gleich das bisschen Essen, das unsereiner braucht, der nicht so viel hinunterschlingt wie ihr grobes, gieriges Volk.

Ich hatte den Keil schon glücklich hineingetrieben und es wäre alles so gegangen, wie ich es mir vorstellte. Aber das verwünschte Holz war zu glatt und die Axt sprang unversehens heraus und der Baum fuhr so geschwind zusammen, dass ich meinen schönen, weißen Bart nicht mehr herausziehen konnte; nun steckt er drin und ich kann nicht fort. Da lachen die albernen glatten Milchgesichter! Pfui, was seid ihr garstig?"

Die Kinder gaben sich alle Mühe, aber sie konnten den Bart nicht herausziehen, er steckte zu fest.

„Ich will laufen und Leute herbeiholen", sagte Rosenrot.

„Wahnsinnige Schafsköpfe", schnarrte der Zwerg, „wer wird gleich Leute herbeirufen, ihr seid mir schon zwei zu viel. Fällt euch nichts Besseres ein?"

„Sei nur nicht ungeduldig", sagte Schneeweißchen, „ich will schon Rat schaffen." So holte es sein Scherchen aus der Tasche und schnitt – schnipp, schnapp – das Ende des weißen Zwergenbartes ab. Sobald der Zwerg sich frei fühlte, griff er nach einem Sack, der zwischen den Wurzeln des Baumes steckte und mit Gold gefüllt war, hob ihn heraus und brummte vor sich hin: „Ungehobeltes Volk, schneidet mir ein Stück von meinem stolzen Barte ab! Lohn's euch der Kuckuck!" Damit schwang er seinen Sack auf den Rücken und ging fort, ohne die Kinder noch einmal anzusehen.

Einige Zeit danach wollten Schneeweißchen und Rosenrot Fische für das Mittagessen sammeln. Als sie nahe dem Bach waren, sahen sie, dass etwas wie eine große Heuschrecke zum Wasser hüpfte, als wollte es hineinspringen. Sie liefen heran und erkannten den Zwerg. „Wo willst du hin?", fragte Rosenrot. „Du willst doch nicht ins Wasser?"

„Solch ein Narr bin ich nicht", schrie der Zwerg. „Seht ihr nicht – der verwünschte Fisch will mich hineinziehen!"

Er hatte dagesessen und geangelt und der Wind hatte seinen Bart mit der Angelschnur verflochten; als gleich darauf ein großer Fisch anbiss, fehlten dem schwachen Geschöpf die Kräfte, ihn herauszuziehen. Der Fisch behielt die Oberhand und riss den Zwerg zu sich hin. Zwar hielt er sich an allen Halmen und Binsen fest, aber es half nicht viel, er musste den Bewegungen des Fisches folgen und drohte ins Wasser gezogen zu werden. Die Mädchen kamen gerade zur rechten Zeit, hielten ihn fest und versuchten den Bart von der Schnur loszumachen, aber vergebens, Bart und Schnur waren fest ineinander verflochten. Es blieb nichts übrig, als das Scherchen hervorzuholen und wieder ein Stück des Bartes abzuschneiden. Als der Zwerg das sah, schrie er sie an: „Ist das eine Art, einem das Gesicht zu schänden? Nicht genug, dass ihr mir den Bart unten abgestutzt habt, jetzt schneidet ihr mir den besten Teil davon ab: Ich kann mich gar nicht mehr sehen lassen. Nun macht, dass ihr wegkommt!" Dann holte er einen Sack Perlen, der im Schilfe lag, und ohne ein Wort weiter zu sagen, schleppte er ihn fort und verschwand hinter einem Stein.

Es trug sich zu, dass bald danach die Mutter die Mädchen in die Stadt schickte, Zwirn, Nadeln, Schnüre und Bänder einzukaufen. Der Weg führte sie über eine Heide, auf der hier und da mächtige Felsenstücke verstreut lagen. Da sahen sie einen großen Vogel in der Luft schweben, der langsam über ihnen kreiste, sich immer tiefer herabsenkte und nicht weit von ihnen bei einem Felsen niederstieß. Gleich darauf hörten sie einen durchdringenden, jämmerlichen Schrei. Sie liefen herbei und sahen mit Schrecken, dass der Adler ihren alten Bekannten, den Zwerg, gepackt hatte und ihn forttragen wollte. Die mitleidigen Kinder hielten sogleich das Männchen fest und zankten sich so lange mit dem Adler herum, bis er seine Beute losließ. Als der Zwerg sich vom ersten Schrecken erholt hatte, schrie er mit einer kreischenden Stimme: „Konntet ihr nicht besser mit mir umgehen? Ihr habt an meinen feinen Kleidern gerissen, dass sie überall zerfetzt und durchlöchert sind, unbeholfenes und läppisches Gesindel, das ihr seid!"

Dann nahm er einen Sack mit Edelsteinen und schlüpfte wieder unter den Felsen in seine Höhle. Die Mädchen waren an seinen Undank schon gewöhnt, setzten ihren Weg fort und machten ihre Einkäufe in der Stadt. Als sie auf dem Heimweg wieder auf die Heide kamen, überraschten sie den Zwerg, der auf einem sauberen Plätzchen seinen Sack mit Edelsteinen ausgeschüttet und nicht erwartet hatte, dass so spät noch jemand daherkommen würde. Die Abendsonne schien über die glänzenden Steine, sie schimmerten und leuchteten so prächtig in allen Farben, dass die Kinder stehen blieben und sie betrachteten.

„Was steht ihr da und glotzt blöd?", schrie der Zwerg und sein Gesicht war zinnoberrot vor Zorn.

Er wollte mit seinen Schimpfworten fortfahren, als sich ein lautes Brummen hören ließ und ein brauner Bär aus dem Wald herbeitrabte. Erschrocken sprang der Zwerg auf, aber der Bär war schon in seiner Nähe. Da rief er in Herzensangst: „Lieber Herr Bär, bitte verschont mich, ich will Euch alle meine Schätze geben, seht die schönen Edelsteine, die da liegen. Schenkt mir das Leben, was habt Ihr an mir kleinem, schmächtigem Kerl? Ihr spürt mich gar nicht zwischen den Zähnen. Da, die beiden gottlosen Mädchen packt, das sind für euch zarte Bissen."

Doch der Bär kümmerte sich nicht um seine Worte, sondern gab dem boshaften Zwerg einen einzigen Schlag mit der Tatze und er regte sich nicht mehr. Die Mädchen waren fortgelaufen, doch der Bär rief ihnen nach: „Schneeweißchen und Rosenrot, fürchtet euch nicht, wartet, ich will mit euch gehen."

Da erkannten sie seine Stimme und blieben stehen und als der Bär bei ihnen war, fiel plötzlich die Bärenhaut ab und er stand da als ein schöner Mann und war ganz und gar in Gold gekleidet.

„Ich bin eines Königs Sohn", sagte er, „und war von dem gottlosen Zwerg, der mir meine Schätze gestohlen hatte, verwünscht, als ein wilder Bär in dem Wald zu leben, bis ich durch seinen Tod erlöst würde. Jetzt hat er seine wohlverdiente Strafe bekommen."

Und der Prinz heiratete Schneeweißchen und sein Bruder nahm Rosenrot zur Frau und sie teilten die großen Schätze miteinander, die der Zwerg gestohlen und in seiner Höhle versteckt gehalten hatte. Und die alte Mutter lebte noch lange ruhig und glücklich bei ihren Kindern. Die zwei Rosenbäumchen aber nahm sie mit und sie standen vor ihrem Fenster und trugen jedes Jahr die schönsten Rosen, weiße und rote.

Der Weihnachtsmann in Gefahr

Avalon Koeppl

Als Lotte gemeinsam mit ihren Eltern im Auto saß, um zum Weihnachtsmarkt zu fahren und dort einen Weihnachtsbaum auszusuchen, dachte sie immer noch über ihren Traum nach, der sie durch die Nacht verfolgt hatte.

In dem Traum war ihr eine ältere Frau begegnet, die versuchte Lotte an einen fremden Ort zu locken. Das Merkwürdige aber war, dachte Lotte, dass sie gar keine Angst vor der fremden Frau gehabt hatte und sie ihr neugierig immer weiter gefolgt war. Schließlich waren sie an eine Tür gelangt. Die Frau war schnell hindurchgeschlüpft und hatte sie hinter sich geschlossen.

„Der Weihnachtsmann ist in Gefahr!“, hörte Lotte die alte Frau noch sagen. „Du musst ihm helfen!“ Mit diesen Worten im Ohr war Lotte aus ihrem Traum erwacht.

Als Lotte und ihre Eltern einige Zeit später aus dem Auto stiegen, trafen sie auf Familie Krüger. Ihr Sohn Maximilian war Lottes bester Freund. Max' Vater zog bereits einen Tannenbaum hinter sich her.

Max entdeckte Lotte als Erster: „Hey, Lotte! Wollt ihr auch einen Weihnachtsbaum aussuchen?“, fragte er und lief auf seine Freundin zu.

„Hallo!“, begrüßte Lottes Vater Maximilians Eltern. „Wie schön, dass wir uns vor Weihnachten noch einmal sehen! Wollen wir noch einen Glühwein zusammen trinken?“

„Und ich suche währenddessen zusammen mit Max einen Baum aus, ja?“, freute sich Lotte. Max sah seine Eltern mit einem breiten Grinsen an. Sein Vater gab ihm das gleiche Grinsen zurück und sagte schließlich schmunzelnd: „Na, dann mal auf, ihr zwei! Aber dass ihr uns keinen Unsinn macht!“

Und schon waren Lotte und Max zwischen den Tannen verschwunden.

„Psst, Lotte, warte mal. Wir müssen uns immer hinter den Tannen verstecken – uns darf keiner sehen. Okay?“

„Okay.“ Lotte grinste verschwörerisch. „Mission Tannenbaum kann beginnen!“

Im Halbdunkel der Tannenreihen schlichen die zwei Freunde von Schatten zu Schatten. Es waren kaum noch Leute zu sehen und das Stimmengewirr von dem Glühweinstand drang nur gedämpft zu ihnen.

„Hey, Lotte, der hier sieht doch ganz gut aus. Mein Vater sagt immer: ‚Hauptsache, er ist gerade gewachsen!‘ – und das ist er!“ Max kicherte.

„Dafür ist er kahl wie eine Fernsehantenne – da sind doch kaum Nadeln dran! Da legt mir der Weihnachtsmann bestimmt keine Geschenke drunter.“

„Mensch, Lotte, es gibt doch gar keinen Weihnachtsmann!“, lachte Max.

Lotte sah Max erstaunt an. „Natürlich gibt es den Weihnachtsmann. Wer sonst bringt mir meine Geschenke?“

Ehe Max antworten konnte, hörten sie plötzlich hinter sich eine bekannte Stimme Lottes Namen sagen. Schnell drehte Lotte sich um, doch hinter ihr stand niemand. „Ich hätte schwören können …“, murmelte Lotte und sah sich verunsichert um.

„Was war das?“, fragte Max. Und wieder hörten sie hinter sich die Stimme, die Lotte von irgendwoher kannte. Mutig schob sie die Tannenzweige beiseite und erblickte die alte Frau aus ihrem Traum. Max starrte die Alte erstaunt an, als diese Lotte mit Namen ansprach.

„Hallo, Lotte, ich habe schon auf dich gewartet. Und ich hatte auch gehofft, dass du deinen Freund Max mitbringst. Seid ihr bereit für eine wichtige Mission? Ihr müsst aber mutig sein!“

„Ja, natürlich sind wir mutig“, sagte Max und Lotte nickte eifrig.

„Der Weihnachtsmann benötigt eure Hilfe. Die Marox, dunkle Gestalten, haben ihn gefangen genommen, um alle Kinder dieser Welt unglücklich zu machen. Sie wollen, dass die Kinder glauben es gebe gar keinen Weihnachtsmann!“

„Pfff", machte Max. „Das weiß ich schon seit letztem Jahr. Mama hat mir gesagt, dass es den Weihnachtsmann nicht gibt." Max verschränkte die Arme vor der Brust.

„Dann habe ich mich wohl in euch getäuscht", sagte die alte Frau leise. „Macht's gut!"

„Nein, warte", sagte Lotte, „natürlich gibt es den Weihnachtsmann. Wir wollen ihm helfen!"

Die Alte drehte sich den Freunden zu und kam ganz nah: „Wenn einer von euch nicht an ihn glaubt, werdet ihr nichts für ihn tun können!"

Lotte sah Max fordernd an und stieß ihm in die Rippen. Max setzte ein Grinsen auf und sagte: „Wir übernehmen die Mission!"

Die alte Frau schaute die beiden prüfend an. Schließlich sagte sie: „Dann folgt mir!" Hinter einer großen Tanne drehte sie sich zu ihnen um. „Nun schließt eure Augen. Und ..."

... und plötzlich standen Lotte und Max zwischen vielen geschäftig umhersausenden Engeln, die aufgeregt Geschenke packten und einander etwas zuriefen. Mit offenem Mund sahen sie dem bunten Treiben zu. Ein Engel mit ganz roten Bäckchen kam in einem Affenzahn direkt auf sie zugeflogen und hielt nur ein paar Zentimeter vor Lottes Gesicht.

„Ihr seid sicher Lotte und Max! Wir haben euch bereits erwartet!“, sagte der Engel atemlos.

„Überall werden wir erwartet“, flüsterte Max Lotte zu. „Das hört sich nach 'nem verdammt gut ausgeheckten Plan an. Nur wir wissen nichts davon!“

Lotte lächelte Max kurz zu, wollte dann aber doch erst einmal dem Engel antworten. „Ja, das ist Max und ich bin Lotte. Wo sind wir hier?“

„Na, ihr seid natürlich im Haus des Weihnachtsmanns. Seitdem er verschwunden ist, müssen wir hier alles alleine organisieren. Morgen ist schließlich Weihnachten. Und wenn der Weihnachtsmann zurückkommt, muss sein Schlitten mit allen Geschenken beladen sein. Sonst kommt er zu spät. Ich heiße übrigens Marie!“

Max stand der Mund offen. Er glaubte zu träumen, doch nachdem Lotte ihn auf seine Bitte hin zweimal gekniffen hatte, musste er einsehen, dass er sich tatsächlich gerade mit einem Engel unterhielt, und das im Haus des Weihnachtsmannes!

„Also“, sagte Lotte entschlossen, „sag uns bitte, was wir jetzt tun können und wo wir hin müssen, um den Weihnachtsmann zu befreien.“

„Ich wurde ausgewählt, euch zu begleiten. Als Erstes werde ich euch mit Flügeln ausstatten, ohne die kommt ihr nämlich nicht weit.“

„Flügel? Cool!“, meinte Max und zwinkerte Lotte zu.

Plötzlich flatterte Marie los. Und die beiden mussten sich beeilen, um hinter ihr herzukommen und sie in dem Chaos nicht aus den Augen zu verlieren.

In einem hellen Raum, in dem es überall freundlich blitzte und leuchtete, bekamen Max und Lotte ihre Flügel umgeschnallt. „Wenn ihr fliegen wollt, müsst ihr einfach nur ganz fest daran glauben – und schon fangt ihr an zu flattern.“

„Sag mal, Marie, was ich dich schon vorhin fragen wollte: Warum könnt nicht ihr den Weihnachtsmann befreien? Ich meine, ihr seid so viele Engel. Was können wir, was ihr nicht könnt?“

Marie machte ein trauriges Gesicht und ließ ein wenig ihre kleinen Flügelchen hängen. „Wisst ihr, die bösen Marox, die den Weihnachtsmann gefangen genommen haben, werden seit ein paar Jahren immer stärker und stärker. Und zwar mit jedem Kind, das nicht mehr an den Weihnachtsmann glaubt. Wenn sie aber Kindern begegnen, die fest an den Weihnachtsmann glauben, werden sie schnell schwächer und sie bekommen sogar Angst."

„Traurig, dass so viele Kinder nicht mehr an den Weihnachtsmann glauben", stellte Lotte betrübt fest. Max zupfte verlegen an seinen Flügeln, dann schaute er Marie und Lotte entschlossen an: „Dann brauchen wir keine Angst zu haben. Wir werden den Marox einen Riesenschreck einjagen und den Weihnachtsmann aus ihren Fängen befreien!"

Und so brachen die drei auf. Marie öffnete ein Fenster und flog hinaus. Lotte wollte hinterhereilen, doch dann sah sie, wo sie waren: Um sie herum waren nur Wolken und durch eine Lücke zeichnete sich weit unten der Erdboden ab. Das Haus befand sich auf einer Wolke.

„Kommt, macht es, wie ich es euch bereits gesagt habe. Ihr müsst nur daran glauben, dass ihr fliegen könnt. Und steuern könnt ihr auch, indem ihr nur daran denkt, wo ihr hinfliegen wollt."

Max und Lotte wechselten ein paar unsichere Blicke. Schließlich kletterte Max auf das Fensterbrett und zog Lotte zu sich hoch. Ihre Hand haltend zählte er langsam bis drei und zusammen sprangen sie nach vorne. Lottes Flügel begannen sogleich zu schlagen, doch Max zog sie nach unten.

„Max", rief Lotte. „Schau, ich fliege. Du kannst es also auch! Glaub daran!"

Mit einem Mal begannen auch Max' Flügel sich zu bewegen. Und die Freunde lachten vor Vergnügen. Es war einfach ein fantastisches Gefühl, durch die Luft zu fliegen!

Nach einiger Zeit tauchte vor ihnen eine große, dunkle Wolke auf.

„Wir sind gleich da", verkündete Marie. „Ab jetzt bleibt bitte ganz dicht hinter mir. Wir fliegen direkt zu der Festung, wo der Weihnachtsmann gefangen gehalten wird. Hier im Himmel gibt es außer der eigenen Körperkraft keine Waffen. Doch ihr dürft den Marox gegenüber keine Angst zeigen, das ist das Schwierige. Sie sehen unheimlich aus, doch denkt daran, wenn ihr mutig seid und euren Glauben an den Weihnachtsmann habt, dann können sie euch nichts anhaben und es wird sehr leicht sein, ihn zu befreien. Lasst euch nicht in die Ecke drängen. Je mutiger ihr seid, desto schwächer werden sie."

Kurz danach gelangten sie an eine dunkle, in Nebelschwaden gehüllte Festung. Sie landeten im Schatten eines Baumes nahe des Eingangs. Neben der Tür standen zwei sehr unheimlich aussehende Gestalten. Sie waren groß, ohne erkennbares Gesicht, nur mit leuchtenden Augen und dunkelgrüner Haut.

„Wie kommen wir in die Festung?", flüsterte Max.

„Durch die Tür da vorne", antwortete Marie leise.

„Und wie?", fragte Lotte erstaunt.

„Indem ihr das ausnutzt, was ich eben erklärt habe. Ihr geht auf sie zu, ohne Angst, und denkt an den Weihnachtsmann, der hinter den Mauern auf euch wartet. Die Marox wissen nicht, wie mutig Kinder sein können. Sie werden sich furchtbar vor euch erschrecken, wenn ihr keine Angst vor ihnen habt."

„Diese riesigen Kerle? Angst vor uns?", fragte Max ungläubig und sah Lotte unsicher an.

„Seid ihr nun mutig oder nicht? Mit dem Blick werdet ihr die Marox jedenfalls nicht bezwingen!"

Das wollte Max natürlich nicht auf sich sitzen lassen – klar war er mutig! Entschlossen stellte er sich gerade hin und forderte Lotte auf: „Komm, wir sind auserwählt worden, weil wir so mutig sind."

„Und", ergänzte Lotte entschlossen, während sie sich neben Max aufbaute, „weil wir an den Weihnachtsmann glauben!"

Gemeinsam beschritten sie den Weg zur Tür der Festung. Marie flog nur wenige Meter hinter ihnen. Sie war zufrieden mit ihren Helden.

Es dauerte nicht lange, bis die zwei Marox die Eindringlinge entdeckten.

Einer der beiden blieb an der Tür stehen, der andere schritt mit glühenden Augen auf die Kinder zu. Lotte lief ein Schauer über den Rücken, doch sie zwang sich den großen Marox als einen Schwächling zu betrachten. Und da, Lotte traute ihren Augen nicht, schrumpfte der Marox um mindestens einen halben Meter.

„Wir kommen, um den Weihnachtsmann zu holen", rief Max dem Marox selbstbewusst entgegen. Darauf blieb dieser stehen.

„Schau, Max, Marie hatte Recht, er schrumpft!"

Da rannte der zweite Marox mit schnellen Schritten auf die Kinder zu. Lotte packte die Angst, auch Max wurde unwohl und die beiden sahen ängstlich zu Marie hoch.

„Max, Lotte, habt keine Angst. Seht euch den anderen an, wie klein er ist!"

„Jetzt oder nie!", flüsterte Lotte Max zu und rannte mit einem Mal auf den immer näher kommenden Marox zu. Abrupt blieb er stehen, sah sich um und schrumpfte auf die Größe eines Kleinkindes. Aus den beiden zuvor unheimlichen Gestalten waren zwei kleine, nicht mehr ernst zu nehmende Gnome geworden, die nun die Flucht ergriffen. An der Tür angekommen ergriff Max die Türklinke und zog sie mit einem Ruck auf. Sofort stürmte ein Marox aus der Tür direkt auf Lotte zu. Anstatt wegzulaufen, stemmte Lotte die Hände in die Hüften und rief laut: „Ich habe keine Angst vor euch! Sagt mir: Wo ist der Weihnachtsmann?"

Der Marox erstarrte. Lotte ging mit festem Blick auf ihn zu und fühlte ihre Macht über diese von Augenblick zu Augenblick kleiner werdende Gestalt. Marie flog zu Max und sagte ihm, welchen Weg durch die Festung sie nehmen mussten, um zum Weihnachtsmann zu gelangen.

„Schau, Max, da sind so viele Marox, es dauert viel zu lange, an allen vorbeizukommen. Flieg du mit Marie über die Marox hinweg, um schneller durchzukommen. Ich bleibe hier und halte die Tür frei."

Schon bald kamen Marie und Max mit dem Weihnachtsmann herbeigeflogen und Max rief glücklich: „Lotte, wir haben es geschafft!"

Der Weihnachtsmann schmunzelte und lachte vor Vergnügen, als er die vielen geschrumpften Marox sah. Auch durch die Tür kamen Marie, Max und der Weihnachtsmann problemlos, denn Lotte hatte die Marox kräftig eingeschüchtert. Doch als sie gerade draußen waren, packte plötzlich einer der Marox Marie am Flügel!

„Hilfe!", rief Marie. „Lotte, du musst mir helfen!"

Lotte flog los, so als wäre sie mit Flügeln geboren, ergriff den Marox am Arm und zog ihn von Marie weg. Der Marox hatte solch eine Angst, dass er zitterte und auf die Größe eines Hamsters schrumpfte.

Nachdem sie ihn wieder auf der Wolke abgesetzt hatte, flog sie hinauf zu Marie und Max, die sich beim Weihnachtsmann untergehakt hatten, um ihn schnellstmöglich von der dunklen Wolke fortzubringen. Sprachlos wanderte der Blick des Weihnachtsmanns von Lotte zu Max und wieder zurück. Er war erstaunt über den Mut dieser beiden Kinder.

„Nicht weit von hier werden wir bereits erwartet!", verkündete Marie. Und tatsächlich, auf einer kleinen Wolke unterhalb der dunklen Wolke der Marox warteten drei Engel mit dem voll bepackten Schlitten.

„Ho, ho, ho, da sind ja meine Rentiere. So kann die Reise also doch noch pünktlich beginnen. Und ihr zwei, Lotte, Max, ich danke euch! Wenn ihr möchtet, kann ich euch mit meinem Schlitten zurück zur Erde mitnehmen."

„Au ja!", sagten die zwei Freunde wie aus einem Mund. Nachdem sie es sich auf dem Schlitten in Decken gemütlich gemacht und sich bei Marie verabschiedet hatten, sausten sie los. Aufgeregt sahen Lotte und Max zu, wie der Weihnachtsmann seine Rentiere antrieb. Doch nach einer Weile wurden sie ganz müde. Langsam fielen ihnen die Augen zu und schließlich schliefen sie ein.

Als die beiden aufwachten, saßen sie aneinandergelehnt auf einem Strohballen neben dem Glühweinstand.

„Na, da seid ihr ja! Habt ihr einen Baum gefunden?", hörten sie Max' Vater sagen.

Lotte stieß Max an und flüsterte: „Ich habe etwas ganz Verrücktes geträumt!"

„Ich auch! Wir mussten den Weihnachtsmann retten ... und konnten fliegen!"

Lotte sah Max mit großen Augen an, dann sagte sie: „... und mussten die Marox mit unserem Mut und unserem Glauben an den Weihnachtsmann bekämpfen!"

Max nickte. „Heißt das etwa ..., das war gar kein Traum? Haben wir wirklich den Weihnachtsmann gerettet?"

Die Weihnachtsgeschichte

Nach dem Neuen Testament

Vor langer Zeit lebte ein glückliches verlobtes Paar in der kleinen Stadt Nazareth. Ihre Namen waren Maria und Josef.

Eines Tages erschien Maria ein Engel namens Gabriel, der ihr verkündete: „Der Herr hat dich auserwählt, Maria. Du wirst einen Jungen gebären und ihn Jesus nennen. Er wird König sein – König eines Reiches, das nie enden wird."

Maria wusste nicht, wovon der Engel sprach. Sie war nicht verheiratet und konnte deshalb nicht schwanger sein.

„Wer soll der Vater sein?", fragte Maria schließlich den Engel.

„Der Heilige Geist wird über dich kommen und dein Sohn wird der Sohn Gottes genannt werden."

Maria verstand und entgegnete Gabriel: „So sei es dann."

Lukas 1,26 – 38

Nach ein paar Monaten mussten Maria und Josef in Josefs Heimatstadt Bethlehem zurückkehren. Kaiser Augustus hatte befohlen, dass die Bewohner des Landes gezählt werden, und dafür musste sich jeder in der Stadt einfinden, wo seine Familie ursprünglich herkam.

Da Maria bereits hochschwanger war, wurde die Reise sehr anstrengend. Es war ein weiter Weg.

Als sie spätabends in Bethlehem ankamen, fanden sie keine Herberge. Es waren einfach zu viele Menschen in der Stadt. Maria war sehr erschöpft und spürte, dass die Geburt kurz bevorstand. Schließlich fanden sie einen Stall, in dem sie übernachten konnten.

In dieser Nacht gebar Maria einen Sohn. Wie der Engel Gabriel prophezeit hatte, wurde er Jesus genannt. Josef wickelte Jesus in Windeln und legte ihn in eine Krippe, die mit frischem Stroh ausgelegt war.

In ihrer Nähe draußen auf den Weiden befanden sich Schafherden, die in der Nacht von ihren Hirten gehütet wurden. In dieser Nacht erschien ihnen Gottes Engel, um ihnen die frohe Botschaft zu verkünden. Der Engel erschien in Gottes Glanz, der ihn hell am Himmel leuchten ließ, und die Hirten schauten erstaunt und erschrocken zu ihm hinauf.

„Fürchtet euch nicht!“, sagte der Engel. „Ich möchte euch große Freude verkünden. Heute Nacht ist in einem Stall in Bethlehem Jesus Christus geboren. Auf ihn hattet ihr und alle Menschen gewartet. Macht euch auf und besucht das Kind. Ihr findet es in Windeln gewickelt in einer Krippe.“

Am Himmel waren nun noch mehr Engel zu sehen, die sprachen: „Ehre sei Gott in der Höhe und Friede auf Erden bei den Menschen."

Die Hirten sahen den Engeln nach, wie sie am Himmel verschwanden. Konnten sie glauben, was sie soeben gesehen und gehört hatten?

Schließlich sagte einer: „Lasst uns nun gehen nach Bethlehem und uns ansehen, was uns Gottes Engel verkündet haben."

Die Hirten waren sich einig und machten sich auf, um Jesus Christus zu sehen. Sie fanden Maria, Josef und Jesus in dem Stall. Auch Ochsen, Schafe und ein Esel waren dort. Die Tiere aber fraßen nicht, sondern standen vor

der Krippe und wärmten das Kind mit ihrem warmen Atem. Es lag in der Krippe und schlief friedlich.

Die Hirten fielen vor dem Kind auf die Knie und beteten, denn sie spürten die Heiligkeit Gottes, die von diesem Kind ausging.

Bevor sie zu ihren Herden zurückkehrten, erzählten sie Maria und Josef von all dem, was die Engel ihnen verkündet hatten.

In dieser Nacht leuchteten die Sterne heller und die Blumen dufteten wie nie zuvor. Die ganze Welt, Gott und alle Engel freuten sich, denn es war etwas ganz Besonderes geschehen: Jesus war geboren.

Lukas 2,1 – 20

Gedichte

Knecht Ruprecht

Theodor Storm

Von drauß' vom Walde komm ich her;
ich muss euch sagen, es weihnachtet sehr!
Allüberall auf den Tannenspitzen
sah ich goldene Lichtlein sitzen;
und droben aus dem Himmelstor
sah mit großen Augen das Christkind hervor;
und wie ich so strolcht' durch den finstern Tann,
da rief's mich mit heller Stimme an:
„Knecht Ruprecht", rief es, „alter Gesell,
hebe die Beine und spute dich schnell!
Die Kerzen fangen zu brennen an,
das Himmelstor ist aufgetan,
Alt' und Junge sollen nun
von der Jagd des Lebens einmal ruhn;
und morgen flieg ich hinab zur Erden,
denn es soll wieder Weihnachten werden!"
Ich sprach: „O lieber Herre Christ,
meine Reise fast zu Ende ist;
ich soll nur noch in diese Stadt,
wo's eitel gute Kinder hat."
„Hast denn das Säcklein auch bei dir?"
Ich sprach: „Das Säcklein, das ist hier:
Denn Äpfel, Nuss und Mandelkern
essen fromme Kinder gern."
„Hast denn die Rute auch bei dir?"

Ich sprach: „Die Rute, die ist hier;
doch für die Kinder nur, die schlechten,
die trifft sie auf den Teil, den rechten."
Christkindlein sprach: „So ist es recht;
so geh mit Gott, mein treuer Knecht!"
Von drauß' vom Walde komm ich her;
ich muss euch sagen, es weihnachtet sehr!
Nun sprecht, wie ich's hierinnen find!
Sind's gute Kind, sind's böse Kind?

Der Traum

August Heinrich Hoffmann von Fallersleben

Ich lag und schlief; da träumte mir
ein wunderschöner Traum:
Es stand auf unserm Tisch vor mir
ein hoher Weihnachtsbaum.

Und bunte Lichter ohne Zahl,
die brannten ringsumher;
die Zweige waren allzumal
von gold'nen Äpfeln schwer.

Und Zuckerpuppen hingen dran;
das war mal eine Pracht!
Da gab's, was ich nur wünschen kann
und was mir Freude macht.

Und als ich nach dem Baume sah
und ganz verwundert stand,
nach einem Apfel griff ich da,
und alles, alles schwand.

Da wacht' ich auf aus meinem Traum,
und dunkel war's um mich.
Du lieber, schöner Weihnachtsbaum,
sag an, wo find ich dich?

Da war es just, als rief er mir:
„Du darfst nur artig sein;
dann steh ich wiederum vor dir;
jetzt aber schlaf nur ein!

Und wenn du folgst und artig bist,
dann ist erfüllt dein Traum,
dann bringet dir der Heil'ge Christ
den schönsten Weihnachtsbaum."

Sankt Niklas' Auszug

Paula Dehmel

Sankt Niklas zieht den Schlafrock aus,
klopft seine lange Pfeife aus
und sagt zur heiligen Kathrein:
„Öl mir die Wasserstiefel ein,
bitte hol auch den Knotenstock
vom Boden und den Fuchspelzrock,
die Mütze lege obendrauf,
und schütte dem Esel tüchtig auf,
halt auch sein Sattelzeug bereit;
wir reisen, es ist Weihnachtszeit.
Und dass ich's nicht vergess, ein Loch
ist vorn im Sack, das stopfe noch!
Ich geh derweil zu Gottes Sohn
und hol mir meine Instruktion."

Die heilige Käthe, sanft und still,
tut alles, was Sankt Niklas will.
Der klopft indes beim Herrgott an,
Sankt Peter hat ihm aufgetan
und sagt: „Grüß Gott! wie schaut's denn aus?“,
und führt ihn ins himmlische Werkstättenhaus.

Da sitzen die Englein an langen Tischen,
ab und zu Feen dazwischen,
die den Kleinsten zeigen, wie's zu machen,
und weben und kleben die niedlichsten Sachen,
hämmern und häkeln, schnitzen und schneidern,
fälteln die Stoffe zu zierlichen Kleidern,
packen die Schachteln, binden sie zu
und haben so glühende Bäckchen wie du.
Herr Jesus sitzt an seinem Pult
und schreibt mit Liebe und Geduld
eine lange Liste. Potz Element,
wie viel artige Kinder Herr Jesus kennt!
Die sollen die schönen Engelsgaben
zu Weihnachten haben.

Was fertig ist, wird eingepackt
und auf das Eselchen gepackt.
Sankt Niklas zieht sich recht warm an;
Kinder, er ist ein alter Mann,
und es fängt tüchtig an zu schnei'n,
da muss er schon vorsichtig sein.

So geht es durch die Wälder im Schritt,
manch Tannenbäumchen nimmt er mit;
und wo er wandert, bleibt im Schnee
manch Futterkörnchen für Hase und Reh.
Aus Haus und Hütte strahlt es hell,
da hebt er dem Esel den Sack vom Fell,
macht leise alle Türen auf,
jubelnd umdrängt ihn der kleine Hauf:
„Sankt Niklas, Sankt Niklas,
was hast du gebracht?
Was haben die Englein
für uns gemacht?"
„Schön Ding, gut Ding,
aus dem himmlischen Haus;
langt in den Sack!
Holt euch was raus!"

Der erste Schnee

Friedrich Wilhelm Güll

Ei, du liebe, liebe Zeit,
ei, wie hat's geschneit, geschneit!
Ringsherum, wie ich mich dreh,
nichts als Schnee und lauter Schnee.
Wald und Wiesen, Hof und Hecken,
alles steckt in weißen Decken.

Und im Garten jeder Baum,
jedes Bäumchen voller Flaum!
Auf dem Sims, dem Blumenbrett
liegt er wie ein Federbett.
Auf den Dächern um und um
nichts als Baumwoll' ringsherum.

Und der Schlot vom Nachbarhaus,
wie possierlich sieht er aus:
Hat ein weißes Müllerkäppchen,
hat ein weißes Müllerjöppchen!
Meint man nicht, wenn er so raucht,
dass er just sein Pfeifchen schmaucht?

Und im Hof der Pumpenstock
hat gar einen Zottelrock
und die ellenlange Nase
geht schier vor bis an die Straße.
Und gar draußen vor dem Haus!
Wär nur erst die Schule aus!

Aber dann, wenn's noch so stürmt,
wird ein Schneemann aufgetürmt,
dick und rund und rund und dick
steht er da im Augenblick.
Auf dem Kopf als Hut 'nen Tiegel
und im Arm den langen Prügel
und die Füße tief im Schnee
und wir ringsherum, juhe!

Ei, ihr lieben, lieben Leut',
was ist heut das eine Freud'!

Vom Christkind

Anna Ritter

Denkt euch, ich habe das Christkind gesehen!
Es kam aus dem Walde, das Mützchen voll Schnee,
mit rot gefrorenem Näschen.
Die kleinen Hände taten ihm weh,
denn es trug einen Sack, der war gar schwer,
schleppte und polterte hinter ihm her.

Was drin war, möchtet ihr wissen?
Ihr Naseweise, ihr Schelmenpack –
denkt ihr, er wäre offen, der Sack?
Zugebunden bis obenhin!
Doch war gewiss etwas Schönes drin!
Es roch so nach Äpfeln und Nüssen!

Weihnachten

August Heinrich Hoffmann von Fallersleben

Zwar ist das Jahr an Festen reich,
doch ist kein Fest dem Feste gleich,
worauf wir Kinder jahraus, jahrein
stets harren in süßer Lust und Pein.

O schöne, herrliche Weihnachtszeit,
was bringst du Lust und Fröhlichkeit!
Wenn der Heilige Christ in jedem Haus
teilt seine lieben Gaben aus.

Und ist das Häuschen noch so klein,
so kommt der Heilige Christ hinein,
und alle sind ihm lieb wie die Seinen,
die Armen und Reichen, die Großen und Kleinen.

Der Heilige Christ an alle denkt,
ein jedes wird von ihm beschenkt.
Drum lasst uns freu'n und dankbar sein!
Er denkt auch unser, mein und dein.

Weihnachten

Joseph von Eichendorff

Markt und Straßen stehn verlassen,
still erleuchtet jedes Haus,
sinnend geh ich durch die Gassen,
alles sieht so festlich aus.

An den Fenstern haben Frauen
buntes Spielzeug fromm geschmückt,
tausend Kindlein stehn und schauen,
sind so wunderstill beglückt.

Und ich wandre aus den Mauern
bis hinaus ins freie Feld,
hehres Glänzen, heil'ges Schauern!
Wie so weit und still die Welt!

Sterne hoch die Kreise schlingen,
aus des Schnees Einsamkeit
steigt's wie wunderbares Singen –
o du gnadenreiche Zeit!

Der Stern

Wilhelm Busch

Hätt' einer auch fast mehr Verstand
als wie die drei Weisen aus Morgenland
und ließe sich dünken, er wäre wohl nie
dem Sternlein nachgereist wie sie;
dennoch, wenn nun das Weihnachtsfest
seine Lichtlein wonniglich scheinen lässt,
fällt auch auf sein verständig' Gesicht,
er mag es merken oder nicht,
ein freundlicher Strahl
des Wundersternes von dazumal.

Nikolaus, Nikolaus, lieber Mann

Volksgut

Nikolaus, Nikolaus, lieber Mann,
klopf an unsrer Türe an!
Wir sind brav, drum bitte schön,
lass den Stecken draußen steh'n!

Nikolaus, Nikolaus, huckepack,
schenk uns was aus deinem Sack!
Schüttle deine Sachen aus,
gute Kinder sind im Haus!

Das Christkind

Robert Reinick

Die Nacht vor dem Heiligen Abend,
da liegen die Kinder im Traum.
Sie träumen von schönen Sachen
und von dem Weihnachtsbaum.

Und während sie schlafen und träumen,
wird es am Himmel klar,
und durch den Himmel fliegen
drei Engel wunderbar.

Sie tragen ein holdes Kindlein,
das ist der Heilige Christ.
Es ist so fromm und freundlich,
wie keins auf Erden ist.

Und wie es durch den Himmel
still über die Häuser fliegt,
schaut es in jedes Bettchen,
wo nur ein Kindlein liegt.

Es freut sich über alle,
die fromm und freundlich sind,
denn solche liebt von Herzen
das liebe Himmelskind.

Heut' schlafen noch die Kinder
und sehen es nur im Traum.
Doch morgen tanzen und springen
sie um den Weihnachtsbaum,
den schönsten Weihnachtsbaum.

Der Weihnachtsaufzug

Robert Reinick

Bald kommt die liebe Weihnachtszeit,
worauf die ganze Welt sich freut;
das Land, so weit man sehen kann,
sein Winterkleid hat angetan.
Schlaf überall; es hat die Nacht
die laute Welt zur Ruh gebracht –
kein Sternenlicht, kein grünes Reis,
der Himmel schwarz, die Erde weiß.

Da blinkt von fern ein heller Schein –
was mag das für ein Schimmer sein?
Weit übers Feld zieht es daher,
als ob's ein Kranz von Lichtern wär',
und näher rückt es hin zur Stadt,
obgleich verschneit ist jeder Pfad.

Ei, seht, ei, seht! Es kommt heran!
O, schauet doch den Aufzug an!
Zu Ross ein wunderlicher Mann
mit langem Bart und spitzem Hute,
in seinen Händen Sack und Rute.
Sein Gaul hat gar ein bunt' Geschirr,
von Schellen dran ein blank' Gewirr;
am Kopf des Gauls, statt Federzier,
ein Tannenbaum voll Lichter hier;
der Schnee erglänzt in ihrem Schein,
als wär's ein Meer voll Edelstein.

Wer aber hält den Tannenzweig?
Ein Knabe, schön und wonnereich;
's ist nicht ein Kind von unsrer Art,
hat Flügel an dem Rücken zart.
Das kann fürwahr nichts anders sein
als wie vom Himmel ein Engelein!
Nun sagt mir Kinder, was bedeut't
ein solcher Zug in solcher Zeit?

Was das bedeut't? Ei, seht doch an,
da frag ich grad' beim Rechten an!
Ihr schelmischen Gesichterchen,
ich merk's, ihr kennt die Lichterchen,
kennt schon den Mann mit spitzem Hute,
kennt auch den Baum, den Sack, die Rute.

Der alte, bärt'ge Ruprecht hier,
er pocht' schon oft an eure Tür;
droht' mit der Rute bösen Buben;
warf Nüss' und Äpfel in die Stuben
für Kinder, die da gut gesinnt.
Doch kennt ihr auch das Himmelskind?
Oft bracht' es ohne euer Wissen,
wenn ihr noch schlieft in weichen Kissen,
den Weihnachtsbaum zu euch nach Haus,
putzt' wunderherrlich ihn heraus;
Geschenke hing es bunt daran
und steckt' die vielen Lichter an;
flog himmelwärts und schaute wieder
von dort auf euren Jubel nieder.

O Weihnachtszeit, du schöne Zeit,
so überreich an Lust und Freud!
Hör doch der Kinder Wünsche an
und komme bald, recht bald heran,
und schick uns doch, wir bitten sehr,
mit vollem Sack den Ruprecht her.
Wir fürchten seine Rute nicht,
wir taten allzeit unsre Pflicht.
Drum schick uns auch den Engel gleich
mit seinem Baum, an Gaben reich.
O Weihnachtszeit, du schöne Zeit,
worauf die ganze Welt sich freut!

Lieder

Lasst uns froh und munter sein

Josef Annegarn

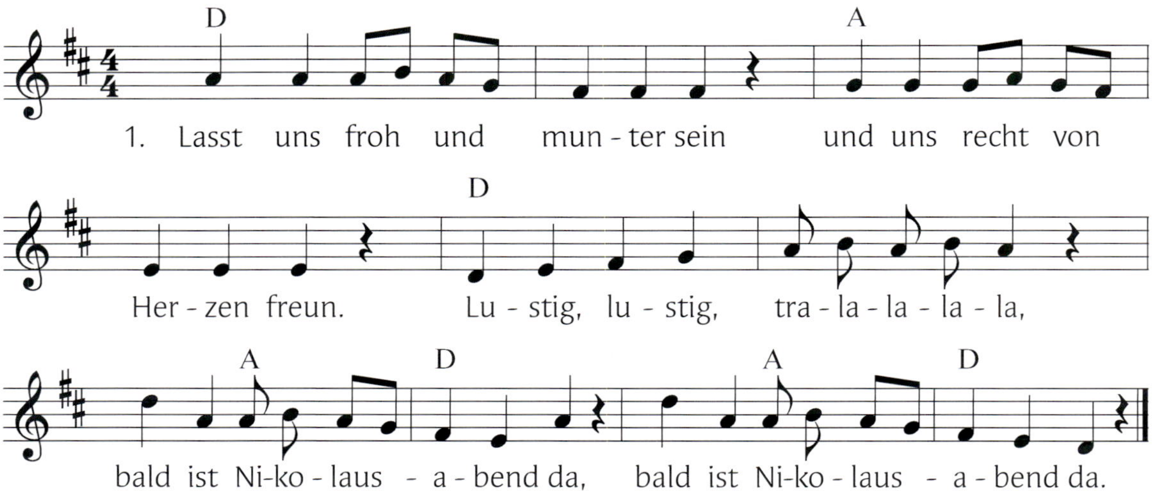

2. Dann stell ich den Teller auf,
Niklaus legt gewiss was drauf.
Lustig, lustig, tralalalala,
bald ist Nikolausabend da,
bald ist Nikolausabend da!

3. Wenn ich schlaf, dann träume ich,
jetzt bringt Niklaus was für mich.
Lustig, lustig, tralalalala,
bald ist Nikolausabend da,
bald ist Nikolausabend da!

4. Wenn ich aufgestanden bin,
lauf ich schnell zum Teller hin.
Lustig, lustig, tralalalala,
bald ist Nikolausabend da,
bald ist Nikolausabend da!

5. Niklaus ist ein guter Mann,
dem man nicht genug danken kann.
Lustig, lustig, tralalalala,
bald ist Nikolausabend da,
bald ist Nikolausabend da!

Leise rieselt der Schnee

Eduard Ebel

2. In den Herzen wird's warm.
Still schweigt Kummer und Harm,
Sorge des Lebens verhallt:
Freue dich, Christkind kommt bald!

3. Bald ist Heilige Nacht,
Chor der Engel erwacht,
hört nur, wie lieblich es schallt:
Freue dich, Christkind kommt bald!

Alle Jahre wieder

Melodie: Friedrich Silcher / Text: Wilhelm Hey

2. Kehrt mit seinem Segen
ein in jedes Haus,
geht auf allen Wegen
mit uns ein und aus.

3. Steht auch mir zur Seite
still und unerkannt,
dass es treu mich leite
an der lieben Hand.

Ihr Kinderlein kommet

Melodie: Johann Abraham Peter Schulz / Text: Christoph von Schmid

2. O seht in der Krippe im nächtlichen Stall,
seht hier bei des Lichtleins hell glänzendem Strahl,
in reinlichen Windeln das himmlische Kind,
viel schöner und holder als Engelein sind!

3. Da liegt es, das Kindlein auf Heu und auf Stroh,
Maria und Josef betrachten es froh.
Die redlichen Hirten knien betend davor.
Hoch oben schwebt jubelnd der Engelein Chor.

4. O beugt, wie die Hirten, anbetend die Knie,
erhebet die Hände und danket wie sie.
Stimmt freudig, ihr Kinder, wer wollt sich nicht freu'n,
stimmt freudig zum Jubel der Engel mit ein!

Schneeflöckchen, Weißröckchen

Volkslied

2. Komm, setz dich ans Fenster,
du lieblicher Stern,
malst Blumen und Blätter,
wir haben dich gern.

3. Schneeflöckchen, Weißröckchen,
deck die Blümelein zu,
dann schlafen sie sicher
in himmlischer Ruh'.

4. Schneeflöckchen, Weißröckchen,
komm zu uns ins Tal,
dann bau'n wir den Schneemann
und werfen den Ball.

O du fröhliche

Sizilianische Volksweise / Text: Johannes Falk und Johann Heinrich Christoph Holzschuher

2. O du fröhliche, o du selige,
gnadenbringende Weihnachtszeit.
Christ ist erschienen, uns zu versühnen.
Freue, freue dich, o Christenheit!

3. O du fröhliche, o du selige,
gnadenbringende Weihnachtszeit.
Himmlische Heere jauchzen dir Ehre.
Freue, freue dich, o Christenheit!

Kling, Glöckchen, klingelingeling

Melodie: Volkstümlich / Text: Karl Enslin

2. Kling, Glöckchen, klingelingeling,
kling, Glöckchen, kling!
Mädchen hört und Bübchen,
macht mir auf das Stübchen,
bring euch viele Gaben,
sollt euch dran erlaben.
Kling, Glöckchen, klingelingeling,
kling, Glöckchen, kling!

3. Kling, Glöckchen, klingelingeling,
kling, Glöckchen, kling!
Hell erglüh'n die Kerzen,
öffnet mir die Herzen!
Will drin wohnen fröhlich,
frommes Kind wie selig.
Kling, Glöckchen, klingelingeling,
kling, Glöckchen, kling!

Süßer die Glocken nie klingen

Volkstümlich

2. O wenn die Glocken erklingen,
schnell sie das Christkindlein hört:
Tut sich vom Himmel dann schwingen,
eilet hernieder zur Erd'.
Segnet den Vater, die Mutter, das Kind.
Segnet den Vater, die Mutter, das Kind.
Glocken mit heiligem Klang,
klinget die Erde entlang!

3. Klinget mit lieblichem Schalle
über die Meere noch weit,
dass sich erfreuen doch alle
seliger Weihnachtszeit.
Alle aufjauchzen mit herrlichem Sang!
Alle aufjauchzen mit herrlichem Sang!
Glocken mit heiligem Klang,
klinget die Erde entlang!

Fröhliche Weihnacht überall

Melodie: Englische Volksweise / Text: Heinrich v. Fallersleben

2. Fröhliche Weihnacht überall,
tönet durch die Lüfte froher Schall.
Darum alle stimmt mit ein in den Jubelton,
denn es kommt das Heil der Welt von des Vaters Thron.

3. Fröhliche Weihnacht überall,
tönet durch die Lüfte froher Schall.
Licht auf dunklem Wege, unser Licht bist du,
denn du führst, die dir vertrau'n, ein zu sel'ger Ruh'.

4. Fröhliche Weihnacht überall,
tönet durch die Lüfte froher Schall.
Was wir andern taten, sei getan für dich,
dass bekennen jeder muss, Christkind kam für mich.

Morgen, Kinder, wird's was geben

Melodie: Volkstümlich / Text: Karl Friedrich Splittegarb

2. Wie wird dann die Stube glänzen
von der großen Lichterzahl!
Schöner als bei frohen Tänzen
ein geputzter Kronensaal.
Wisst ihr noch wie vor'ges Jahr,
es am Heil'gen Abend war?

3. Welch ein schöner Tag ist morgen!
Neue Freuden hoffen wir.
Unsre lieben Eltern sorgen
lange, lange schon dafür.
O gewiss, wer sie nicht ehrt,
ist der ganzen Lust nicht wert.

O Tannenbaum

Melodie: Volkstümlich / Text: Joachim August Zarnack und Ernst Anschütz

2. O Tannenbaum, o Tannenbaum,
du kannst mir sehr gefallen.
Wie oft hat doch zur Weihnachtszeit
ein Baum von dir mich hoch erfreut.
O Tannenbaum, o Tannenbaum,
du kannst mir sehr gefallen.

3. O Tannenbaum, o Tannenbaum,
dein Kleid will mich was lehren:
Die Hoffnung und Beständigkeit
gibt Trost und Kraft zu jeder Zeit.
O Tannenbaum, o Tannenbaum,
dein Kleid will mich was lehren.

Wunschzettel

Backrezepte

Butterplätzchen

Zubereitungszeit: 20 Minuten
Backzeit: 10 Minuten

Zutaten:

(ca. 40 Butterplätzchen)
300 g Mehl
200 g Butter
100 g Zucker
1 Ei
1 Päckchen Backpulver
Bunte Zuckerstreusel zum Verzieren

Für die Glasur gibt es verschiedene Möglichkeiten:
Zuckerguss: Puderzucker, Wasser und/oder Zitrone
Schokoladenverzierung: dunkle oder weiße Schokoladen-Kuvertüre

Außerdem benötigt ihr ein paar schöne Ausstechformen.

Zubereitung:

1. Mehl, Butter, Zucker, Ei und Backpulver miteinander verkneten und den Butterplätzchenteig eine Stunde im Kühlschrank ruhen lassen.

2. Den Teig auf einer mit Mehl bestreuten Arbeitsfläche ausrollen. Das Nudelholz mit Mehl bestäuben oder ein Stück Backpapier dazwischenlegen, damit der Teig nicht kleben bleibt.

3. Die Plätzchen ausstechen und auf ein mit Backpapier belegtes Blech legen.

4. Die Plätzchen im vorgeheizten Ofen ca. 10 Minuten bei 180 - 200 °C backen und gut beobachten. Die Plätzchen sollten noch hell aus dem Ofen genommen werden, dann sind sie nicht hart.

5. Nach dem Backen die ausgekühlten Plätzchen mit Zuckerguss oder eingeschmolzener Schokoladenkuvertüre sowie bunten Zuckerstreuseln verzieren.

Zimtsterne

Ein persönliches Rezept von Nina Chen

Zubereitungszeit: 20 Minuten
Backzeit: 15 Minuten

Zutaten:

500 g Marzipanrohmasse
450 g Puderzucker
250 g gemahlene Mandeln
25 g Zimtpulver
Eiweiß von 5 Eiern
Saft von 1 Zitrone

Außerdem benötigt ihr eine sternförmige Ausstechform.

Zubereitung:

1. Marzipan, 250 g Puderzucker, Mandeln, Zimt und Eiweiß von 3 Eiern in einer Schüssel verkneten.

2. Den Teig ca. 5 mm dick ausrollen und Sterne ausstechen.

3. Für den Guss: Eiweiß von 2 Eiern steif schlagen, mit 200 g Puderzucker und etwas Zitronensaft (Menge nach Geschmack, aber nicht zu flüssig werden lassen) vorsichtig verrühren. Sterne damit dick bestreichen.

4. Im vorgeheizten Backofen bei 150 °C etwa 15 Minuten backen.

Honiglebkuchen

Zubereitungszeit: 25 Minuten
Backzeit: 40 Minuten

Zutaten:

500 g Honig
200 g Zucker
500 g Mehl
1 Päckchen Backpulver
3 Eier
125 g gemahlene Mandeln
125 g gemahlene Haselnüsse
10 g Lebkuchengewürz
50 ml Orangensaft

Zur Verzierung:

- ganze geschälte Mandeln
- Zuckerguss: Puderzucker, Wasser und/oder Zitrone
- Schokoladenverzierung: dunkle Schokoladen-Kuvertüre
- nach Belieben Zuckerstreusel oder andere Verzierungen

Zubereitung:

1. Flüssigen Honig (den Honig ein wenig erwärmen, wenn er fest ist) zusammen mit den anderen Zutaten zu einem festen Teig verkneten.

2. Ein Backblech mit Backpapier auslegen und den Teig darauf ausstreichen.

3. Die Lebkuchenmasse nach Belieben mit Mandeln belegen. Zuckerguss, Schokoladenkuvertüre und Zuckerstreusel werden erst nach dem Backen verwendet.

4. Den Teig im vorgeheizten Ofen ca. 40 Minuten bei 150 °C backen.

5. Nach dem Backen den ausgekühlten Teig mit Zuckerguss oder eingeschmolzener Schokoladenkuvertüre sowie bunten Zuckerstreuseln (oder anderen Verzierungen) verzieren. Der Teig kann vor oder nach dem Verzieren in beliebig große Stücke geschnitten werden.

Basteleien

Illustrationen: Nina Heinke

Strohsterne

Ihr braucht:

- Strohhalme aus echtem Stroh
- Zeitungspapier
- ein Bügeleisen
- naturfarbenen Faden
- eine Kinderschere

Für den Adventskranz oder den Weihnachtsbaum könnt ihr wunderbare Strohsterne basteln. Ein Erwachsener muss vielleicht etwas beim Bügeln helfen, aber sonst ist es gar nicht schwer, schöne Sterne zu machen.

Und so geht's:

Am besten weicht ihr die Strohhalme zunächst in lauwarmem Wasser ein, damit sie geschmeidig werden. Dann nehmt ihr ein Bügeleisen, legt die Strohhalme einzeln auf Zeitungspapier und bügelt sie zusammen mit einem Erwachsenen vorsichtig flach. Legt euch am besten einen kleinen Vorrat an flach gebügelten Strohhalmen an.

1. Jetzt könnt ihr mit den Strohsternen beginnen. Zunächst schneidet ihr ein etwa 25 cm langes Stück vom Faden ab, dann ein paar Strohhalme in der Mitte durch. Legt zwei Strohhalmstücke über Kreuz und haltet sie mit den Fingern gut fest, damit sie nicht wegrutschen.

2. Webt nun mit dem Faden einmal über und einmal unter die Strohstücke, bis das Kreuz fest ist. Dann verknotet ihr den Faden gut und schneidet die Enden ab.

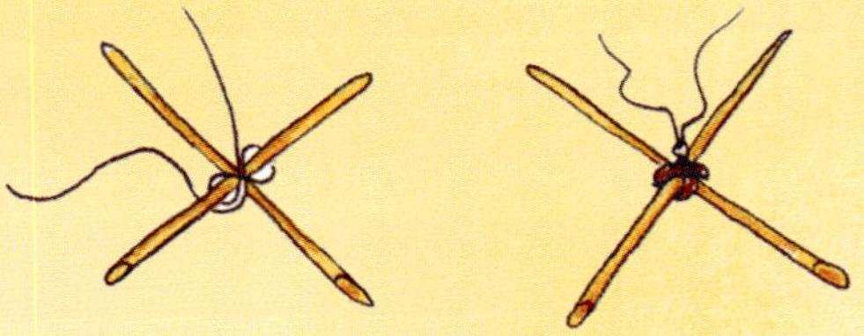

3. Bastelt noch ein zweites Kreuz in dieser Art. Umschlingt nun beide Kreuze genauso mit einem Faden, wie ihr es bereits gemacht habt. Umwebt die beiden Strohkreuze so lange, bis sie fest miteinander verbunden sind. Auf diese Weise könnt ihr mehrere Strohhalmkreuze miteinander verbinden.

4. Damit ihr euren Stern auch an den Baum hängen könnt, lasst ihr beim letzten Umweben am Anfang und am Ende ein gut 10 cm langes Stück Faden überstehen und verknotet die beiden Enden dann miteinander. So habt ihr eine Schlaufe zum Aufhängen.

5. Zum Schluss schneidet ihr die Strahlen des Sterns in Form. Hier könnt ihr entweder lanzenförmige Spitzen zuschneiden oder v-förmige Einschnitte machen. Wechselt beides miteinander ab. Das sieht prima aus!

Klemm-Tannenbaum

Dieser Tannenbaum aus Tonkarton ist ein tolles Weihnachtsgeschenk und lässt sich wunderbar als Weihnachtsschmuck an den Tannenbaum klemmen.

Ihr braucht:

- grünen Tonkarton (DIN A4)
- Buntstifte
- eine Kinderschere
- buntes Papier
- eine Wäscheklammer aus Holz
- Klebstoff

Und so geht's:

Knickt den Tonkarton in der Mitte und malt auf eine Seite einen schönen Tannenbaum mit einem ungefähr 1,5 cm dicken Stamm. Bittet einen Erwachsenen um Hilfe und schneidet den Tannenbaum sorgfältig aus beiden Tonpapierlagen aus. Jetzt habt ihr zwei genau gleiche Bäume. Die könnt ihr mit Kerzen und bunten Kugeln verzieren, die ihr aus dem bunten Papier zurechtschneidet. Klebt jeweils einen Baum hinten und den anderen vorne auf die Wäscheklammer, und zwar so, dass die Klammer am unteren Ende genau mit dem Stamm abschließt.

Fertig ist euer Klemm-Tannenbaum!

Tannenzapfen-Nikolaus

Im Wald liegen jetzt die Tannenzapfen auf dem Boden. Die riechen nicht nur gut, daraus kann man auch tolle Tannenzapfen-Männchen basteln, die ihr dann an Weihnachtszweige hängen könnt.

Ihr braucht:

- roten Filz
- eine Kinderschere
- einen Tannenzapfen
- Klebstoff
- Watte
- weißes Papier
- schwarzen Filzstift
- eine Nadel
- roten Faden

Und so geht's:

Schneidet aus dem roten Filz einen Halbkreis aus und klebt ihn als Mütze oben um den Tannenzapfen. An den Mützenrand klebt ihr etwas Watte. Aus dem Papier schneidet ihr kleine Augen aus, malt schwarze Pupillen darauf und klebt sie unterhalb der Mütze auf den Tannenzapfen. Dann noch etwas Watte als Bart ankleben – und schon ist das Gesicht fertig. Zum Schluss mit einer Nadel einen Faden durch die Mütze ziehen und verknoten. So könnt ihr euren Nikolaus aufhängen.

Weihnachtskrippe

Krippen gehören zu jedem Weihnachtsfest. Diese hier leuchtet sogar, wenn ihr einen Erwachsenen bittet eine Kerze dahinterzustellen und sie anzuzünden. Besonders im Dunkeln sieht das zauberhaft aus.

Ihr braucht:

- schwarzen Tonkarton (44 x 30 cm)
- einen Bleistift
- ein Lineal
- eine Kinderschere
- farbiges Transparentpapier
- Klebstoff

Und so geht's:

1. Teilt den Tonkarton in der Breite in drei Abschnitte ein: Der linke Teil misst 11 cm, der mittlere 22 cm und der rechte 11 cm. Zieht mit dem Lineal jeweils eine Linie von oben nach unten. Die beiden seitlichen Teile klappt ihr später nach hinten. So bleibt die Krippe stehen.

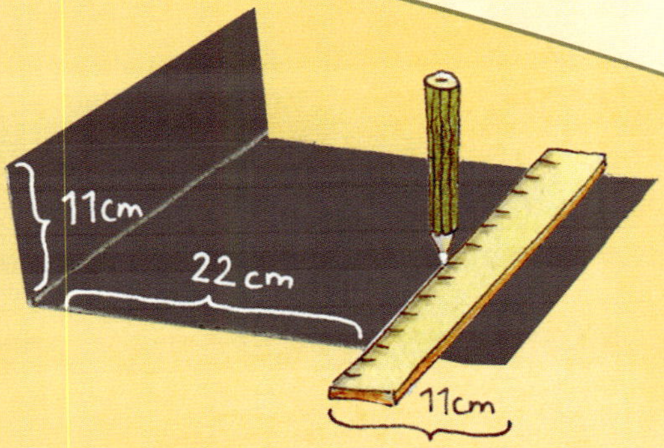

2. Nun zeichnet ihr auf die Rückseite drei Szenen einer Krippe, z. B. in die Mitte die Umrisse des Stalls mit Maria und Josef und der Krippe mit dem Jesuskind. Auf die rechte Seite kommt ein großer Weihnachtsstern und auf die linke Seite passen noch ein Esel und ein Schaf. Jetzt malt ihr alle Umrisse noch einmal so um die Figuren herum, dass ca. 1 cm breite Stege entstehen.

3. Schneidet die Motive vorsichtig von innen so aus, dass nur noch diese Stege stehen bleiben. Aber Vorsicht: Alle Umrandungen müssen immer mit dem Karton verbunden bleiben. So entsteht ein Krippenbild, bei dem nur die Umrandungen zu sehen sind. Am besten bittet ihr einen Erwachsenen, euch zu helfen.

4. Schneidet nun aus dem Transparentpapier passende Stücke aus und klebt sie von hinten über die ausgeschnittenen Motive. Hinter den Stern kommt gelbes Papier, die Kleidung von Josef und Maria wird orange und blau und ihre Gesichter werden gelb. So überklebt ihr alle Ausschnitte mit farbigem Transparentpapier.

5. Knickt die beiden seitlichen Teile des Kartons so nach hinten, dass man das Krippenbild aufstellen kann.

6. Damit alles wunderschön leuchtet, stellt ihr zusammen mit einem Erwachsenen eine Kerze hinter das Bild. Wenn es dunkel wird, erstrahlt eure Weihnachtskrippe ganz feierlich.

**Achtung:
Kerzen niemals
ohne Erwachsene
anzünden!**

Schneeflocken-Stern

Bald ist Weihnachten und es hat noch immer nicht geschneit? Kein Problem: Ihr könnt euch einfach ein paar Schneeflocken-Sterne ins Fenster hängen. So kommt doch richtig Weihnachtsstimmung auf, oder?

Ihr braucht:

- eine große runde Tasse
- buntes Papier
- einen Stift
- eine Kinderschere

Und so geht's:

1. Zunächst stellt ihr die Tasse auf das Papier und zeichnet mit einem Stift um die Tasse herum. Dann schneidet ihr den Kreis aus und faltet ihn in der Mitte zusammen. Den Halbkreis nochmals falten und noch einmal, bis ihr nur noch ein schmales Tortenstück vor euch liegen habt.

2. Daraus schneidet ihr von oben an den geschlossenen Seiten entlang zur Mitte hin eine gezackte oder abgerundete Linie.

3. Jetzt nur noch das Papier vorsichtig auseinanderfalten und die Knickstellen sorgfältig glatt streichen.